U0554937

《鄂尔多斯博物馆陈列展览丛书》编辑委员会

主　任：白　霞

副主任：刘志兰　李　富　王聿慧

编　委：王志浩　杨泽蒙　窦志斌　奥静波

　　　　李　锐　王　龙

《农耕　游牧·碰撞　交融——鄂尔多斯通史陈列》编辑委员会

主　编：窦志斌

副主编：李　锐　王　龙

编　辑：郝二玲　高美玲　李　倩　曹植森

　　　　张二军　赵国兴　白林云　马　俊

　　　　孙　瑞　郝雪琴　张　伟　刘建忠

　　　　刘双兰　娜仁高娃　张煦敏　奇格日乐

The Impact and Mingling of Agriculture and Nomadism
The Exhibition of the General History of Ordos

农耕 游牧
碰撞 交融

鄂尔多斯通史陈列

ᠲᠠᠷᠢᠶᠠᠯᠠᠩ ᠮᠠᠯᠵᠢᠯ ᠮᠥᠷᠭᠥᠯᠳᠥᠨ ᠠᠭᠤᠰᠤᠯᠴᠠᠭᠰᠠᠨ ᠨᠢ

鄂尔多斯博物馆　编著

文物出版社

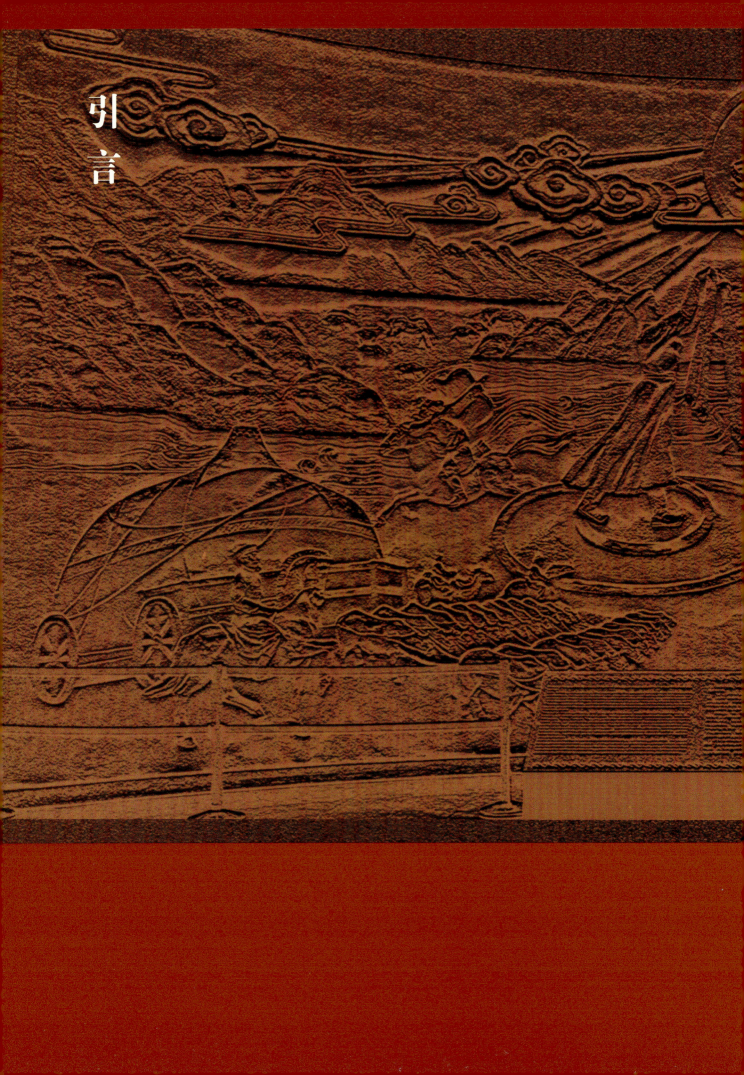

引言

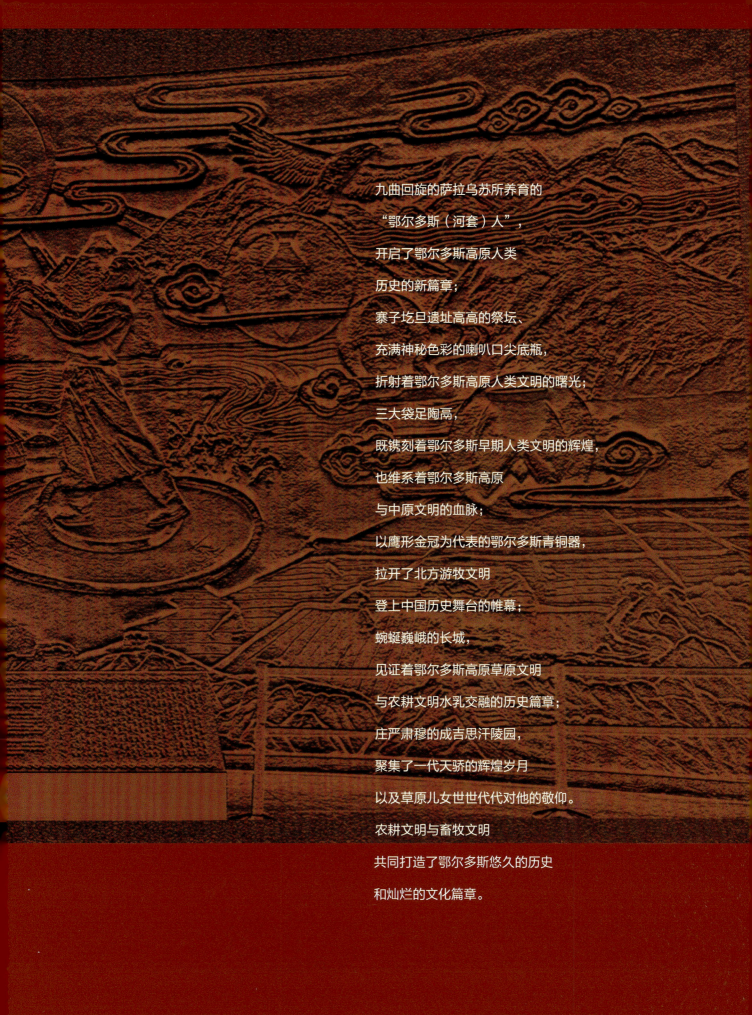

九曲回旋的萨拉乌苏所养育的

"鄂尔多斯（河套）人"，

开启了鄂尔多斯高原人类

历史的新篇章；

寨子圪旦遗址高高的祭坛、

充满神秘色彩的喇叭口尖底瓶，

折射着鄂尔多斯高原人类文明的曙光；

三大袋足陶鬲，

既镌刻着鄂尔多斯早期人类文明的辉煌，

也维系着鄂尔多斯高原

与中原文明的血脉；

以鹰形金冠为代表的鄂尔多斯青铜器，

拉开了北方游牧文明

登上中国历史舞台的帷幕；

蜿蜒巍峨的长城，

见证着鄂尔多斯高原草原文明

与农耕文明水乳交融的历史篇章；

庄严肃穆的成吉思汗陵园，

聚集了一代天骄的辉煌岁月

以及草原儿女世世代代对他的敬仰。

农耕文明与畜牧文明

共同打造了鄂尔多斯悠久的历史

和灿烂的文化篇章。

序 [一]

　　鄂尔多斯文化源远流长，积蕴丰厚，禀赋荟萃。鄂尔多斯地区有着厚重的历史文化、灿烂的民族文化和独具特色的地域文化。

　　鄂尔多斯地区是人类文明的发祥地之一。早在1922年，法国地质古生物学家桑志华和德日进等在鄂尔多斯萨拉乌苏河畔发现有距今14万～7万年的古人类化石和石器，即著名的河套文化。2010年在鄂尔多斯市康巴什新区乌兰木伦河畔发现距今7万～3万年的古人类活动遗址，再次证明鄂尔多斯地区是人类文明的发祥地之一。

　　鄂尔多斯地区是草原游牧文化的发祥地。从夏商春秋至秦汉唐宋，先后有土方、鬼方、熏育、戎狄、林胡、楼烦、匈奴、乌桓、鲜卑、敕勒、党项、契丹等众多北方游牧民族、部落在这里驻牧。众多游牧民族共同在这里创造了以"鄂尔多斯青铜器"为代表的灿烂草原游牧文化。1973年在鄂尔多斯杭锦旗出土的匈奴鹰形金冠，作为匈奴文化的经典而举世瞩目，呈现出了鄂尔多斯青铜文化的绚丽光彩。

　　鄂尔多斯地区是蒙古族优秀传统文化的汇集、传承之地。明代中叶，祭祀一代天骄成吉思汗的"八白宫"迁移到了鄂尔多斯境内，蒙古族"黄金家族"也随之入住鄂尔多斯地区，从而把蒙古族的文化精华带到了鄂尔多斯地区。之后，生活在鄂尔多斯地区的蒙古族执着地传承了内涵丰富、世界唯一的成吉思汗祭祀文化，延续、发展了特色鲜明

的蒙古族优秀传统文化。

鄂尔多斯地区是华夏中原农耕文化与北方游牧文化交汇、融合的地区。自古以来，鄂尔多斯地区不仅是众多北方游牧民族、部落先后驻牧的地区，同时也是中原王朝与北方游牧民族相互争夺的地区，时而在这里互相攻战，时而在这里互通和好，政权反复更迭，人文纷繁演绎。无论互相攻战，还是互通和好，都在进行着文化的碰撞和交融。两千多年前修筑的贯穿鄂尔多斯地区的秦直道就是一条中原农耕文化与北方游牧文化的交流通道。

鄂尔多斯地区的博物馆事业起步于20世纪80年代。1981年深秋，鄂尔多斯历史上第一个古代史通史展"鄂尔多斯文物陈列"在伊克昭盟文物工作站正式对外展出；1983年1月，鄂尔多斯博物馆正式挂牌成立；1989年，建筑面积约6000平方米、展厅面积3000余平方米的鄂尔多斯博物馆建成并正式展出；1999年，国内第一座苏木乡镇级博物馆——查布恐龙博物馆在鄂托克旗查布苏木挂牌，2002年8月8日正式对外展出；2003年鄂尔多斯市第一家民办博物馆——蒙古历史文化博物馆在成吉思汗陵旅游区建成，2005年对外开放；2006年5月，鄂尔多斯博物馆新馆建设之际，老馆经改扩建后命名为"鄂尔多斯青铜器博物馆"。2012年5月18日新落成的鄂尔多斯博物馆正式开馆。

鄂尔多斯博物馆新馆的正式对外开放开启了鄂尔多斯博物馆事业发展的新篇章。作为全市唯一的综合性大型博物馆，承载着全市人民的精神文化寄托，承担着展示、研

20世纪初成吉思汗祭祀场景

鄂尔多斯博物馆外景

究优秀文化的使命，鄂尔多斯博物馆的发展任重道远。鄂尔多斯博物馆出版《农耕 游牧·碰撞 交融——鄂尔多斯通史陈列》一书，可以说是不负众望、不辱使命，为博物馆事业的发展作出了积极的努力。希望鄂尔多斯博物馆再接再厉，不断推新力作，全面推进鄂尔多斯市文博事业的发展，为鄂尔多斯市创建全国公共文化服务体系示范区，为把鄂尔多斯打造成西部文化强市作出应有的贡献！

鄂尔多斯市文化局
鄂尔多斯市新闻出版（版权）局
党组书记、局长

序［二］

　　鄂尔多斯博物馆位于鄂尔多斯市市府所在地——康巴什新区，始建于2006年5月26日，是集鄂尔多斯地区历史文化收藏、展示及研究于一体的综合性博物馆。2012年5月18日正式开馆并免费对外开放。

　　鄂尔多斯博物馆以独特的外观造型，不规则的三维曲线，充满想象力的建筑设计和古铜色的金属外表诠释了鄂尔多斯14万年以来曲折的历史演变历程，也蕴含了鄂尔多斯丰富的历史文化内涵。

　　鄂尔多斯博物馆设有"农耕 游牧·碰撞 交融——鄂尔多斯通史陈列"、"鄂尔多斯蒙古族历史文化展"、"鄂尔多斯古生物化石展"和"鄂尔多斯社会发展成就展"四个常规展和数个临时展览。精美的展品和新颖的陈列手段向世人展示了鄂尔多斯地区36亿年来的自然沧桑变幻，14万年以来的人类漫长历程，五千年中华文明的跌宕起伏，两千年北方草原文明史的恢宏印迹。

　　"农耕 游牧·碰撞 交融——鄂尔多斯通史陈列"是以鄂尔多斯地区人类历史的发展脉络为主线，以鄂尔多斯历史上各重要发展阶段历史事件为节点，集中展现了鄂尔多斯地区的古代文化在中西文化、中国北方草原文化、中华五千年文明形成与发展史的作用和地位。通过"远古岁月"、"文明前夜"、"草原青铜"、"众星汇聚"、"天骄圣

地"五个部分，以萨拉乌苏、乌兰木伦、水洞沟和阳湾遗址、朱开沟文明、草原青铜、秦直道遗址和西夏国的兴衰以及蒙元文化等历史事件和元素为突显点，以点带面，以面串线，以实物结合声光电等多种形式向世人展示各族人民在鄂尔多斯这块热土上生产、生活的点点滴滴，揭示了鄂尔多斯深厚的历史文化底蕴和独特的区域文化特征及意义。

"鄂尔多斯蒙古族历史文化展"以民族性、完整性、系统性和典型性为主题，以历史主线纵向贯穿与横向文化分类相结合的方式，通过实物、雕塑和场景再现的形式，全面反映了蒙古族自13世纪初进入鄂尔多斯地区八百年以来，在继承中国古代北方民族传统游牧文化的同时，对该地区社会生产生活和思想意识形态等方面的影响，通过长期的区域性发展和神圣历史使命的驱使，使其逐步形成了鄂尔多斯蒙古族文化的特殊性。而多种文化的汇聚与积淀，使鄂尔多斯蒙古族文化异彩纷呈，绚丽多姿，在整个蒙古民族文化中独树一帜，具有鲜明的代表性。鄂尔多斯极具代表性的蒙古帝王祭祀文化、宫廷文化、传统草原游牧文化等在本展览中都有浓墨重彩的展示。

"鄂尔多斯古生物化石展"是集博物展示、科普教育、科技交流、休闲娱乐等功能于一体的综合性科学文化展览。展览遵循以人为本，全面、协调和科学发展观的要求，围绕"自然和谐、科学发展"的主题。以"地球→生物→人类→和谐"为展示主线，坚持内容与形式、静态与动态、知识性与趣味性、系统性与重点性的统一。重点揭示自然

界和谐共存的重要性和必要性，进一步提高社会公众的资源意识、环境意识、生态意识，牢固树立可持续地科学发展观。

"鄂尔多斯社会发展成就展"全面呈现中华人民共和国成立后的鄂尔多斯，从"补偿贸易"拉开了改革开放和初次工业化序幕，至"撤盟设市"再到新时期下鄂尔多斯经济的快速崛起。

历时六年之久精心打造的鄂尔多斯博物馆，自开馆以来，受到社会各界的高度关注，集科普性、知识性、教育性和展示性于一体的常规展和不断推陈出新的临时展吸引了四方来宾。开馆半年以来，累计接待游客35万余人次。为充分发挥博物馆公共文化服务职能，进一步提升展陈质量和服务水平，促进对外文化交流合作，鄂尔多斯博物馆编辑出版了《鄂尔多斯博物馆陈列展览丛书》。作为系列丛书开卷之作的《农耕 游牧·碰撞 交融——鄂尔多斯通史陈列》采用文物图片展示为主、文字为辅的形式，详略得当地向读者展示了鄂尔多斯悠久的历史文化和厚重的文化底蕴。希望通过丛书的编辑出版，能够使世人进一步了解、认识鄂尔多斯的过去、现在及其将来，以此来激励"鄂尔多斯人"建设新型现代化鄂尔多斯的热情。

鄂尔多斯博物馆馆长 窦志斌

目录

前言

鄂尔多斯，中国北部的一块神奇土地，世界历史文化长河中一颗璀璨夺目的明珠。

14万～7万年前的鄂尔多斯（河套）人，揭开了这块古老土地上人类历史的帷幕；6500年前生活繁衍在这里的古代先民，谱写了鄂尔多斯早期农耕文明的历史新篇章；4000多年前，朱开沟文化的古代先民，率先拉开了北方畜牧民族在中国历史大舞台上活动的帷幕；以狄—匈奴为代表的新兴马背民族，在广袤的鄂尔多斯大地上，营造了中国北方早期畜牧经济的辉煌，鄂尔多斯青铜器以它原生态的草原文化气息、独特的艺术风格和优美的造型而震撼海内外，谱写了中国北方早期游牧文明的恢弘乐章。

自战国、秦、汉开始，伴随中原封建王朝对鄂尔多斯地区的不断开发，这里的社会进程得到了飞速的发展。而随着鲜卑、突厥、党项、蒙古等北方民族的不断南迁，鄂尔多斯地区的民族融合也达到了空前的境地，这里不仅是中原诸王朝的北疆重地，也是与北方游牧民族联系的重要纽带和桥梁。明代中后期以来，由于祭祀成吉思汗"八白宫"的蒙古鄂尔多斯部的植根，这块神奇的土地上形成了集蒙古帝王祭祀文化、宫廷文化、传统草原游牧文化于一身的、别具一格的鄂尔多斯蒙古族文化，续写了北方草原文化的新辉煌。

鄂尔多斯地处农耕文明与草原文明交错带，独特的地理环境和自然气候，造就了独具特色的鄂尔多斯古代文化，使之成为农耕文明的沃土、畜牧文明的摇篮、北方民族驰骋的辽阔舞台。对优秀传统文化的执着传承和对外来先进文化的包容吸纳，使历史悠久的鄂尔多斯古代文化敦实厚重、异彩纷呈。

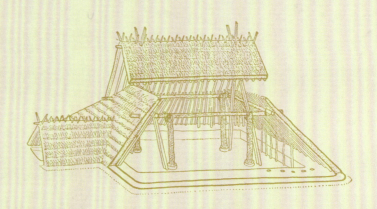

Foreword

Ordos, a spectacular land in North China, is a brilliant pearl in the long history of the culture of the world.

The Ordos Man (Hetao Man) living 140 to 70 ka BP started the human history on this land; the ancient people living here 6500 years ago, composed the new movement of the early agricultural civilization in Ordos; 4000 years ago, the ancient people of Zhukaigou Culture became the first nomadic tribe living in the steppe area of the Northern Frontier Zone of China and started the playing of the northern nomadic people on the stage of the history of China. The new horseback peoples represented by the Di-Xiongnu people, created the splendid animal husbandry economy of the early China in the vast Ordos land; the Ordos bronzes surprised the people at home and abroad by their original steppe cultural spirit, unique artistic styles and exquisite types and demonstrated the great early nomadic civilizations in northern China.

Since the Warring-States Period, the Qin and Han Dynasties and the following rulers of the Central Plains continued the development of the Ordos area and the society here was rapidly developing. Also along with the southward migration of the Xianbei, Turk, Tangut and Mongol peoples, the ethnic fusion in Ordos area also reached the unprecedented level; this area was not only the important Northern Frontier Zone of the Central Plains but also the key communication hub between the agricultural people and the nomadic people. Since the mid Ming Dynasty, because of the settling down of the Mongolian Ordos Tribe, who was the sacrificer of the Naiman Tsagaan Ger (Eight White Yurts, the mausoleum of Genghis Khan), the Ordos Mongolian Culture integrating the imperial sacrificial culture, court culture and traditional steppe culture formed on this spectacular land and the new chapters of the splendid steppe culture are composed.

Ordos area is located on the border of the agricultural and nomadic civilizations; its unique geographic and climatic environment urged the formation of the ancient Ordos Culture with unique characteristics, and made it become the fertile land of agricultural civilization, cradle of nomadic civilization and the spacious stage for the horseback people to play. The dedicated inheriting of the traditional cultures and the absorbing and digesting of the advanced cultures coming outside created the ancient Ordos Culture with rich connotation and diversified colorful splendor.

第一章　远古岁月

　　大约300万年前，人猿相揖别，伴随着直立行走，他们不仅学会了制造工具，而且可以根据劳作对象的不同，使用一些有意打制成不同形状的石器，考古学上，把人类社会的这一发展阶段，称为"旧石器时代"。这个阶段人类社会的经济主要是采集、狩猎、渔捞等自然经济。

　　由于第四纪以来，鄂尔多斯高原一直处于抬升期，相当于更新世早、中的地层堆积大多缺失，因此，至今尚未发现属于旧石器时代早期的古人类活动行踪。

一　神奇的萨拉乌苏

　　在鄂尔多斯高原南部，有一条起源于陕西西北部的白于山北麓、由西南至东北弯弯曲曲穿行在茫茫毛乌素沙地中的河流，当地群众称其为"萨拉乌苏"（蒙语，"黄水"之意）。它是黄河支流——无定河上游的一部分，原本是条名不见经传的河流，但又是条平淡之中蕴含着无数跌宕的高原深切曲流，在一望无际的茫茫沙海中，如果不是近在咫尺，你绝难意识到它的存在，但当你置身其中时，又无不为之九曲回旋的荡漾气魄所震惊。这里还具有神奇的小区域自然景观，高原面上，是一望无际的沙海，新月形的移动沙丘星罗密布，而深深下切的河谷里，却是潺潺流水环绕的片片绿洲，不仅果树飘香，水稻扬花，并且具有常年不冻的水流，素有"塞北江南"的美称。

萨拉乌苏俯瞰

萨拉乌苏高原面

萨拉乌苏谷底

桑志华

德日进

（一）开启中国古人类研究史帷幕

　　1922年，法国著名地质古生物学家桑志华在流经乌审旗大沟湾的萨拉乌苏河谷的地层中，发现大量的动物骨骼、人工打制的石制品和骨角器等。1923年，桑志华与另一位法国著名古生物学家德日进，一同对这里进行了科学发掘，并在随后的资料整理过程中，发现一枚幼儿的门齿化石。这是中国境内发现的第一件有准确出土地点和地层纪录的人类化石，也是第一批有可靠年代学依据的旧石器时代古人类遗存。萨拉乌苏遗址的发现不仅掀开了中国乃至整个远东地区古人类研究的帷幕，而且也揭示了鄂尔多斯地区迄今为止所知最早的古人类活动行踪。

20世纪20年代参与考察的
部分科学家及当地牧民

（二）中西文化交往史滥觞
——萨拉乌苏文化

20 世纪40年代，我国著名旧石器时代考古学家裴文中首先使用了 "河套文化"这个名词，该文化内涵由萨拉乌苏和水洞沟遗址发现的旧石器时代遗存共同构成。50年代中期，裴文中在经过深入考察和研究后，发现萨拉乌苏与水洞沟遗址在文化内涵和年代上皆有差异，提出取消 "河套文化"，并建议将两者分开。随着研究工作的不断深入，学术界将萨拉乌苏流域发现的旧石器时代遗存命名为 "萨拉乌苏文化"，"河套文化"逐渐被 "萨拉乌苏文化"所取代。

萨拉乌苏文化属于旧石器时代中期，是远东地区为数极少的、可与西方旧石器时代考古学文化进行直接类比的遗存，这种远古时代遥远两地间所具有的罕见的文化共性，证明了早在十几万年前，东西方沿欧亚大陆桥就已经存在着文化交流。萨拉乌苏遗址自身的文化特性，在探讨华北小石器文化的主导性与传播性进程中，也占有得天独厚的地位。

石器

旧石器时代中期（距今14万~7万年）

乌审旗萨拉乌苏遗址出土

长1.3~1.9、宽1~1.4厘米

用火遗迹、烧骨

旧石器时代中期（距今14万~7万年）

乌审旗萨拉乌苏范家沟湾遗址出土

长1.5~5.2、宽0.6~2.6厘米

鹿角

旧石器时代中期（距今14万~7万年）

乌审旗萨拉乌苏范家沟湾遗址出土

左：长16.8、宽4厘米

右：长13.6、宽5厘米

动物骨骼化石

旧石器时代中期（距今14万~7万年）

乌审旗萨拉乌苏范家沟湾遗址出土

上：长19、宽8.7厘米

下：长26.7、宽7厘米

（三）破译亚洲现代人起源密码
——鄂尔多斯（河套）人

1923年，桑志华、德日进等在整理萨拉乌苏流域考察资料的过程中，发现一枚幼儿的左上外侧门齿，经当时体质人类学研究权威、加拿大人类学专家步达生研究，命名为"the Ordos Tooth"（鄂尔多斯人牙齿）。这是中国境内发现的第一件有准确出土地点和地层纪录的人类化石，在中国乃至亚洲古人类学研究史上具有划时代的意义。

20世纪40年代，裴文中首先使用"河套人"这个名词，来对应德日进等人已命名的"Ordos Man"（鄂尔多斯人）。鉴于对"河套人"的研究，是开启中国乃至亚洲现代人起源、欧亚草原地区东西文化交往滥觞等世界性领域的研究课题，因此，有必要将其命名与国际接轨，正名为"鄂尔多斯人"。

鄂尔多斯人的体质特征属于人类进化史上的晚期智人阶段，年代为距今14万～7万年，截至目前是中国乃至亚洲发现的时代最早的晚期智人化石之一。

"鄂尔多斯（河套）人"发现地

1922年"鄂尔多斯（河套）人"牙齿化石发现地

鄂尔多斯人头骨化石

旧石器时代中期（距今14万~7万年）

乌审旗萨拉乌苏大沟湾遗址出土

长10.6、宽10.3厘米

鄂尔多斯人顶骨化石

旧石器时代中期（距今14万~7万年）

乌审旗萨拉乌苏遗址出土

长12.4、宽9.2厘米

鄂尔多斯人牙齿化石

旧石器时代中期（距今14万~7万年）

乌审旗萨拉乌苏遗址出土

左：长0.6、宽0.6厘米

右：长1.1、宽0.8厘米

鄂尔多斯人股骨化石

旧石器时代中期（距今14万~7万年）

乌审旗萨拉乌苏遗址出土

长22.3、宽5.4~7.6厘米

（四）萨拉乌苏动物群
——华北晚更新世标准动物群

因首先在乌审旗萨拉乌苏流域发现而得名，是一个包括34种哺乳动物和11种鸟类在内的庞大动物群，它是晚更新世华北地区黄土堆积的典型代表性动物群，与早更新世的泥河湾动物群（标准地点在河北北部泥河湾盆地）、中更新世的周口店动物群（标准地点在北京周口店北京直立人遗址），共同组成华北地区更新世三大代表性动物群，成为研究更新世古地理、古气候、古生物的经典标尺。已鉴定出的45种动物包括虎、狼、鬣狗、象、野马、野驴、野猪、骆驼、马鹿、大角鹿、羚羊、转角羊、水牛、原始牛等大型食肉类、食草类动物以及鼠、兔、刺猬等小型啮齿类、食虫类动物和鸵鸟等鸟类。在34种哺乳动物中，至少有8种已经灭绝，目前仍生活在鄂尔多斯地区的有12种。萨拉乌苏动物群不仅数量众多、种类丰富，而且具有非常鲜明的特征，展示了这一特殊的地理区域内，同一历史时期内不同的生态小环境以及同一地区不同历史时期冷、暖、干、湿的更迭变换，在研究东亚北部地区20万年以来环境变迁、生物进化领域具有十分重要的地位。

鸵鸟蛋化石

旧石器时代中期（距今14万~7万年）
乌审旗萨拉乌苏遗址出土
长径17.6、短径14厘米

龟化石

旧石器时代中期（距今14万~7万年）

乌审旗萨拉乌苏遗址出土

左：长22、宽19.5、高12.2厘米

右：长20.5、宽17.7、高12厘米

王氏水牛（*Bubalus Wansjocki* Boul & Teilhard）

王氏水牛是萨拉乌苏动物群中的重要成员，属哺乳类洞角科水牛属动物，其两只角与其他水牛明显不同，从根部至顶端的横切面均呈等腰三角形。1923年，在乌审旗大沟湾进行的古生物考察活动中，参与考察活动的当地牧民旺楚克的女婿不幸因意外塌方事故身亡。为了纪念这位为科学献身的牧民，考察组负责人桑志华、德日进等，便将这次考察活动中新发现的这个已经灭绝了的水牛新种属，命名为"王氏水牛"。

王氏水牛角化石

旧石器时代中期（距今14万~7万年）

1922年乌审旗萨拉乌苏遗址出土

长75、宽22.5、高43.2厘米

披毛犀化石

旧石器时代中期（距今14万~7万年）
乌审旗萨拉乌苏遗址出土
长3.67、高2米

鄂尔多斯大角鹿（ *Megaloceros Ordosianus* Young）

学术界也将其翻译为"河套大角鹿"，它是萨拉乌苏动物群的重要成员，由于是在1922年萨拉乌苏流域的科学考察活动中首次发现的一个古鹿新种属，因此便以萨拉乌苏所在地鄂尔多斯命名。这种鹿肢体高大，鹿角呈扁平扇形，形状奇特，在鹿类中独一无二。

鄂尔多斯大角鹿角化石

旧石器时代中期（距今14万~7万年）

1922年乌审旗萨拉乌苏大沟湾遗址出土

长108、宽35、高31厘米

（五）窥视鄂尔多斯远古世界的窗口

萨拉乌苏河虽然水流量不是很大，但由于所流经的区域地质结构较为松散，因此侵蚀作用十分强烈，河水犹如一条凶猛咆哮的蛟龙，将所经之处切割成峡谷，加之这一地区地形较为平缓，导致河道弯弯曲曲，形成一条十分壮观的深切曲流。每当雨季到来，湍急的河水总会对河岸形成一次次新的侵蚀，而河岸的塌落，使那些原本被流逝的岁月深深埋藏在地下的各类物质，纷纷撩开笼罩着的神秘面纱，清晰地展现在明媚的阳光下，河谷高高的断面，便成为我们窥探鄂尔多斯高原远古历史的天然窗口。

萨拉乌苏大剖面的厚度高达七八十米，这些堆积不仅集中形成于晚更新世以降，而且各个地质时代的界面较齐全，界限较清楚，所反映的信息比较多，是研究古气候、古环境的最佳地区和最佳时段，包含如此信息量的地质剖面，在世界范围内也是不多见的。

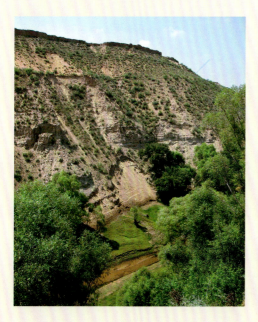

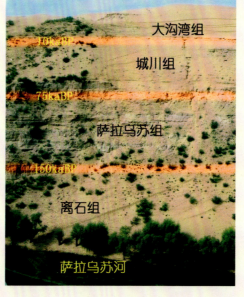

左图：萨拉乌苏大剖面
右图：萨拉乌苏组地层
　　　划分示意图

综合科学家们地质调查、勘探、考古发掘等研究成果，萨拉乌苏大剖面为我们勾画出这样一幅当时的自然、人文情景：14万～7万年前的鄂尔多斯，自然地理条件大体和现今萨拉乌苏一带的局地自然景观相当，既有延绵不断的沙漠，又有广布的河流湖泊，相伴广袤的沙地绿洲和森林，随着冷暖期的交替变幻，河流湖泊以及绿地森林的范围不时发生着变化。诺氏驼、巨鸵鸟们奔跑在无垠的沙漠中，鄂尔多斯大角鹿、马鹿、原始牛、野马、野驴、普氏羚羊、许家窑扭角羊等在草原上或静静地觅食或奔波跳跃，几只窜出树林的狼和最后鬣狗，惊得隐匿在草丛中的狗獾、野兔及其他啮齿类小动物四处乱钻，老虎在森林中时隐时现，窥视着草原上各种生灵的一举一动，王氏水牛整个浸入湖泊中，尽情享受湖水的凉爽，野鸭、翘鼻麻鸭在湖面上漫游，鹭、兀鹰展开巨大的翅膀，在天空中缓缓移动，披毛犀顶着两只尖尖的独角、诺氏象拖着长长的鼻子在森林边悠闲漫步……

鄂尔多斯人生活场景复原示意图

　　由于缺乏山洞一类的自然巢穴，鄂尔多斯人在靠近湖边的地方搭起用兽皮围起的"帐篷"，以抵御烈日、风雨和严寒的侵袭。帐篷周围燃起了熊熊的火堆，这样既可以御寒、烧烤食物，也是防止猛兽袭击的最好方法。远处的湖边，一群身强力壮的男子汉们，围住了一头陷入沼泽中的披毛犀，利用手中的鹿角锤、鹿角矛等武器向这头庞然大物发起了一轮又一轮的攻击。披毛犀尽管力大无比，无奈四蹄陷入沼泽中，越挣扎陷得越深，厚厚的皮毛虽然可以不惧恶狼的攻击，但在这些聪明绝顶的人类面前，早已是血流如注，奄奄一息。岸边的一群小孩或手舞足蹈，或跃跃欲试，为这即将到手的美餐激动不已。帐篷周围的老年男性以及妇女们，有的在打制石器或加工、修整工具，为肢解、分割那只已到手的猎物做准备；有的在忙着拾捡树枝，为稍后的美餐忙碌；有的则埋头用石片仔细刮除上次捕获到的猎物皮革上的油脂，或用锋利的薄石片切割兽皮，这些皮革可是人们裹身御寒和围作帐篷的最佳材料。远处的草地上和森林边，还可以不时地看到结伴的人影在晃动，他们正在采摘野菜野果，因为猎获一头这样的动物实在不易，平时人们还得主要靠这些果实来充饥。

　　夜幕降临了，紧张了一天的人们围坐在火堆旁开始分享劳动的果实，人们用树枝挑着肢解开的犀牛肉在火堆上烧烤，在吃干净骨头上的肉后，又用鹿角锤砸开坚硬的肢骨，吸食里面的骨髓，随后把吃剩的骨头扔进火堆中。骨头虽然不会燃烧，但骨头上的油脂却是极好的助燃品，火焰腾地一下串起了好高，映红了人们兴奋的脸庞……

二　喧腾的乌兰木伦

　　乌兰木伦遗址位于康巴什新区乌兰木伦景观河北岸，发现于2010年5月。该遗址古人类活动的地层堆积为河湖相堆积，出土石制品的形态、制作工艺等均属于旧石器时代中期到晚期的特征，北京大学实验室对文化层光释光的测年为距今7万～3万年，属于旧石器时代中晚期的古人类活动遗址。

　　该遗址出土遗物十分丰富，年代介于萨拉乌苏与水洞沟之间。乌兰木伦旧石器制品在技术与类型上同欧洲旧石器中期和晚期文化有许多相似之处，是东西方文化交流、融合的生动范例，可称之为"东西方文化碰撞的火花"。乌兰木伦遗址是继1922年萨拉乌苏及水洞沟遗址发现以来，鄂尔多斯地区旧石器时代考古的又一次重大发现，在华北地区乃至全国旧石器时代考古研究中占据十分重要的地位，填补了中国北方地区旧石器时代中晚期考古学文化研究领域的一段空白。

乌兰木伦遗址远景

石核

旧石器时代中晚期（距今7万~3万年）

康巴什新区乌兰木伦遗址出土

左：长11.8、宽8.8厘米

右：长10.9、宽9厘米

石锤

旧石器时代中晚期（距今7万~3万年）

康巴什新区乌兰木伦遗址出土

左：长13.6、宽7.2厘米

右：长11.8、宽9.3厘米

石砍砸器

旧石器时代中晚期（距今7万~3万年）

康巴什新区乌兰木伦遗址出土

长9.5~12.1、宽8~8.7厘米

石砍砸器

旧石器时代中晚期（距今7万~3万年）

康巴什新区乌兰木伦遗址出土

左：长11、宽9.1厘米

右：长9.5、宽7.3厘米

石刮削器

旧石器时代中晚期（距今7万~3万年）

康巴什新区乌兰木伦遗址出土

长4.5~11.4、宽3.7~7.1厘米

石叶

旧石器时代中晚期（距今7万~3万年）

康巴什新区乌兰木伦遗址出土

长2.1~5、宽1.2~2厘米

烧骨、骨化石

旧石器时代中晚期（距今7万～3万年）

康巴什新区乌兰木伦遗址出土

烧骨：长7.7、宽2厘米

骨化石：长8.3、宽3.3厘米

烧骨有用火遗迹，骨化石有人工切割痕迹。

骨化石

旧石器时代中晚期（距今7万～3万年）

康巴什新区乌兰木伦遗址出土

左：长20.4、宽7厘米

右：长18.3、宽11.9厘米

骨化石有人工剥片痕迹。

披毛犀下颌骨

旧石器时代中晚期（距今7万~3万年）

康巴什新区乌兰木伦遗址出土

长40.4、宽15.1厘米

披毛犀寰椎骨

旧石器时代中晚期（距今7万～3万年）

康巴什新区乌兰木伦遗址出土

长35.5、宽16厘米

第二章　文明前夜

ᠬᠣᠶᠠᠳᠤᠭᠠᠷ ᠪᠦᠯᠦᠭ ᠰᠣᠶᠣᠯ ᠢᠷᠭᠡᠨᠰᠢᠯ ᠦᠨ ᠡᠮᠦᠨ᠎ᠡ

　　直至距今7000年左右，末次冰期后逐渐趋暖的气候才对鄂尔多斯高原产生了明显的影响，白雪皑皑冰冻数千年的大地逐渐复苏，曾经孕育了中国最古老猎人的这块神奇土地，在经过长时期的万籁沉寂后，又一次显现出郁郁葱葱的生机。

　　由于环境因素制约了早期古人类在本地区的发展，因此，目前在鄂尔多斯地区尚未发现属于新石器时代早期的古人类活动踪迹。进入新石器时代中期，出于寻觅更广阔生存空间等初衷，一部分原本生活在太行山东麓地区和关中地区的居民，纷纷离开故土，沿桑干河西进或溯黄河河谷北上，大约在距今6500年前，相继踏上了鄂尔多斯这块水草丰美的土地，他们和已经生活在这里的一些以从事狩猎经济为主体的土著居民相遇，并和睦地结合在一起。他们以原始农业经济为主，兼营狩猎、渔捞业等，掀起了鄂尔多斯地区人类原始定居农耕经济的新篇章。良好的自然环境，使生活在这里的远古居民社会生产力快速发展，其社会发展进程丝毫不逊色于中原地区，很多方面甚至居于领先的位置，为以炎黄民族为主体的中华文明的形成和发展作出了杰出的贡献。

一 最早的原始农耕部落

鄂尔多斯地区迄今所知最早的从事原始定居农耕经济的居民是阳湾遗址居民，他们以从事原始农业经济为主，兼营狩猎、渔捞业等。

阳湾遗址是属于鲁家坡类型的考古学文化遗存，时代相当于新石器时代仰韶文化前期阶段（距今约6500～6000年）。鄂尔多斯地区属于鲁家坡类型的遗存还有准格尔旗鲁家坡、官地、贺家沙背遗址及坟塔墓地等。

阳湾居民使用的生产工具虽然和他们的祖先一样，还是以石器、骨器、木器为主，但这时的石器、骨器早已不是简单的打制成一定的形状就拿来使用了。他们凭经验精心捡选那些质地坚硬又极具韧性的石料，先根据需要打制出工具的大体雏形，然后通体琢磨，这样制造出的石器不仅形制规整，而且非常得心应手。其中数量最多的就是石斧、石刀、石磨盘、石磨棒和石铲、石凿等。

阳湾居民使用的最大量的生活器皿就是陶器。主要有用作炊器的夹砂罐，用作水具的小口折唇壶，用作食具的敞口或敛口的圜底钵等，虽然器类还比较简单，但各器类间已具有明确的分工，而且能根据用途的不同，选择不同的质地或制成不同的形态。这些陶器不仅形制规整，而且烧造火候也较高，说明当时人们的制陶技术已较娴熟。

流经鄂尔多斯东部丘陵的母亲河

阳湾遗址社会复原场景

6500年前，这里的自然环境是一种典型的森林草原景观，山顶上森林茂盛，山坡上灌木丛生。阳湾遗址的居民以一个大的家族为单位，集中居住在一起，他们选择靠近水源、背风向阳的山谷坡地作为自己的营地。德高望重的家族族长的住房，建在营地的中心部位，由于这里不仅是他们的居室，同时也是家族聚会、议事的场所，所以房子面积一般都比较大，而其他家族成员的住房面积都较小，分布在族长住房的周围。

石磨盘、石磨棒

新石器时代仰韶文化前期（距今6500~6000年）
伊金霍洛旗出土
磨盘：长32.2、宽19.6厘米
磨棒：长18.7、宽6.4厘米
石磨盘大多平面呈圆角长方形，磨面平整；石磨棒横截面呈圆形或近似圆形。石磨盘和石磨棒是用于农作物加工的工具。加工时将植物的果实放到磨盘上用石磨棒推拉或碾压，以去掉果实外部的硬壳或粉碎果实。

石磨棒

新石器时代仰韶文化前期（距今6500~6000年）

杭锦旗征集

长30.8、宽6厘米

磨棒整体略呈哑铃状，通体磨光。由其形状可知，使用者两手分别握住石磨棒的两端，前后推拉石磨棒进行加工。

石斧

新石器时代仰韶文化前期（距今6500~6000年）

准格尔旗阳湾遗址出土

长6.5~11.9、宽2.9~6.8厘米

通体磨制。整体略呈扁圆柱体，正锋，弧刃。石斧是当时人们主要的砍剁工具，用以开垦荒地、砍伐树木、修整建造房子的梁、柱，包括砸击动物的肢骨等等。石斧可以直接拿在手中操作，也可以安柄使用，遇到狩猎或部落间的冲突时，还可用作武器。

石砍伐器

新石器时代仰韶文化前期（距今6500~6000年）

准格尔旗阳湾遗址出土

长11.9、宽10.4厘米

将砾石或石核边缘打成厚刃，一般器身厚重，有钝厚的刃口，主要用于砍树、做木棒、挖植物块根、砸坚果等。

石球

新石器时代仰韶文化前期（距今6500~6000年）

杭锦旗四十里梁出土

直径7.5~8.4厘米

形体较大的石球可以直接掷击野兽，中小型者多系在飞石索上猎取动物。多由河卵石做成。

石刀

新石器时代仰韶文化前期

（距今6500~6000年）

准格尔旗阳湾遗址出土

左：长9、宽4.4厘米

右：长9.5、宽5.7厘米

整体为平面呈长方形的扁平体，一侧长端磨出双面刃，或两端有缺口，或刀身中部有一个或两个并列的钻孔。石刀，也称"爪镰"，是当时人们采集植物的主要工具，主要用于收割谷类植物的穗部。使用时，在两个缺口间或钻孔中穿入绳索以固定中指，将石刀置于手掌中，采割植物的穗部。类似的采集工具，在近代的少数民族中仍在使用。

石尖状器

新石器时代仰韶文化前期（距今6500~6000年）

准格尔旗大路公社老山沟出土

长9.8、宽5.9厘米

打制。刃端尖锐，顶部较圆钝，适合手握持。主要用来砍剁木材、搭建房屋，也可以用来敲骨吸髓等。

石铲

新石器时代仰韶文化前期（距今6500~6000年）

准格尔旗出土

左：长20.4、宽15.2厘米

右：长14.9、宽14厘米

通体磨制。平面呈长方形、半圆形等，中部见两孔，用于绑缚安柄。是当时人们使用的主要掘土工具，亦即文献记载中的"耜"。而那些用精美的"黄河玉"制作的石铲，则很可能是当时部族或部落头领所持的特殊用具，是以后王者所执的代表权力、地位象征的钺的雏形。

陶圜底钵

新石器时代仰韶文化前期（距今6500~6000年）

准格尔旗坟塔墓地出土

口径33.1、高14.7厘米

细泥红陶。口微敞，弧腹，圜底。素面磨光。钵多用作食具。

作为食具的陶钵，都选用经过淘洗的陶土来制作，制作出来的器皿质地细腻，器壁光滑，形制规整。部分钵的外壁靠口部绘有一周宽带黑彩，还有部分钵、盆类器物采取覆置叠烧的技术，即把制好阴干的陶钵口朝下一个一个摞起来烧造，这样，裸露在外面的部分和相互套接在一起的部分在烧造的过程中，由于氧化—还原的程度不同，在器物口部的外壁上，就形成了一周宽带红彩，考古学上把这类器物称作"红顶钵"。

彩陶钵

新石器时代仰韶文化前期（距今6500~6000年）

鄂尔多斯地区出土

口径38、高16.7厘米

泥质灰陶，陶质细腻。器表光滑。直口微敛，圜底。口沿处有一周黑色彩带。

陶盆

新石器时代仰韶文化前期（距今6500~6000年）

准格尔旗阳湾遗址出土

口径26.8、高16.5厘米

夹砂红陶。侈口，曲腹，圜底。腹部饰有弦纹。器形规整，多用作炊具。

陶壶

新石器时代仰韶文化前期（距今6500~6000年）

准格尔旗贺家沙背遗址出土

口径6.6、底径8.3、高47.5厘米

泥质红陶。小口，折唇，鼓腹，小平底，腹中部设两个扁平桥状器耳。素面磨光。

该类器物是当时人们主要的汲水工具。鄂尔多斯属于丘陵地貌，当时的人们一般都居住在背风、向阳的丘陵鞍部，而生活用水则分布在沟谷的底部。因此，汲水用具整体形态呈略修长的筒状，腹部有两个对称的鋬耳，这样的设置都是为了便于汲满水后人们长距离的搬运，而口部做得很小，则是为了最大限度地减少搬运过程中水的外溅。

夹砂陶罐

新石器时代仰韶文化前期（距今6500～6000年）
准格尔旗阳湾遗址出土
口径26.5、底径12.8、高32.2厘米
夹砂红陶。敛口，鼓腹，平底。器身通饰绳纹。夹砂陶罐是阳湾遗址居民日常生活中最主要的炊具。采用泥条盘筑的方法制作而成，即先把制作陶器用的陶泥搓成泥条状，一圈一圈的盘筑起来形成器物的雏形，然后把初步成型的器物放在可以转动的轮台上，一面转动轮台，一面用陶拍和陶垫同时拍打器物的内、外壁，使之结构紧密，待器物成型后再作进一步精修，阴干，上窑烧造即成。由于炊具要经常受到高温的烧烤，所以他们在长期的生活实践中摸索出在陶土中掺入适量的砂粒，就可以增强器皿的耐烧灼程度，延长器物的使用寿命（如同现在人们使用的砂锅），这是几千年前古人类聪明才智的具体体现。另外在器物的形态上，则采取小平底、大鼓腹的形式，这样既能保证使用时平稳的放置到灶面上，又能最大限度地增大受火面积，充分接受热效能。

陶器盖

新石器时代仰韶文化前期（距今6500～6000年）
准格尔旗阳湾遗址出土
口径23.1、高8.4厘米
泥质灰陶。整个器形呈"覆钵状"，器形规整，做工精细。器物表面饰有绳纹，多用作炊具的器盖。

泥质陶罐

新石器时代仰韶文化前期（距今6500~6000年）
鄂尔多斯地区出土
口径30.7、底径14、高35.5厘米
泥质红陶。大侈口，鼓腹，平底。颈部有篦点纹，器身饰有绳纹。多做盛储用具。

阳湾遗址大房址

　　阳湾遗址发现一座单间面积约100平方米的大房址，不仅面积巨大，建筑技艺高超，而且还在房址的室内墙壁上，发现了镶砌整齐的陶质装饰砖。如此大面积的单间建筑以及陶质内墙砖镶嵌技术的使用，不仅在内蒙古地区绝无仅有，就是在全国范围内同时期的古人类遗址中也十分罕见，集中再现了新石器时代生活在鄂尔多斯地区的先民们神奇的创造力和社会文化的辉煌发达。

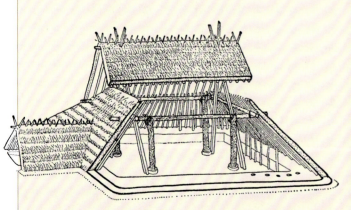

阳湾遗址大房址复原示意图

阳湾遗址大房址壁饰

二 异军突起的北疆奇葩

如果说，在此以前古文化的面貌，更多的是一种迁徙文化色彩的话，那么鄂尔多斯地区自"海生不浪文化"开始，便形成了既有浓郁"炎黄血脉"，又具有鲜明自身特征的远古文化。它们虽然与中原文化区还保持着千丝万缕的联系，仍是"华夏族"浩荡洪流中的一支强劲支流，但所显示的更多的则是愈演愈烈的鲜明自身特征，开启了以内蒙古中南部为主要分布区域的中国北方文化区的滥觞。

鄂尔多斯东部丘陵

（一）海生不浪文化：新石器时代仰韶文化后期
（距今5800~4800年）

以最早发现于南流黄河东岸内蒙古托克托县海生不浪遗址而得名，年代相当于距今约5800~4800年前的仰韶文化晚期阶段，是主要分布于内蒙古中南部地区的一种新石器时代中晚期的古人类文化遗存，学术界也称之为"庙子沟文化"，下辖"海生不浪类型"、"阿善类型"及"庙子沟类型"等不同的地域性变体。鄂尔多

斯属于"海生不浪类型"分布区。

海生不浪文化居民以从事原始的定居农耕经济为主，但狩猎业、渔捞业也是当时重要的辅助经济活动。居住遗址多有环壕围绕，房址多为平面呈方形或长方形的半地穴式建筑。房址的周围分布有贮存物品、粮食的窖穴。生产工具以磨制石器为主，兼有琢制的细石器

和骨器等。陶器器表多饰绳纹，有相当
数量的彩陶，色彩有红、褐、黑、紫、
赭等色，纹样有网格纹、鳞纹、三角、
锯齿、草叶纹等。器类有侈口罐、大口
罐、筒形罐、小口双耳壶、喇叭口尖底
瓶、侈沿曲腹盆、敛口钵等。

细石器

新石器时代仰韶文化后期（距今5800~4800年）

鄂尔多斯地区出土

长3.1~3.9、宽1.5~2.5厘米

细石器

细石器兴起于旧石器时代末期，主要分布在我国长城沿线及以
北广袤地区，是以狩猎业为主要社会经济形态的古人类所特有
的文化遗存。它的最大特征就是多以燧石为原料，采用软锤打
片，也有的认为是使用胸压法的剥制技术制作而成。打制出形
制规整、锋利、狭长且薄的长石叶、三角形石镞、石矛头和各
种形制的刮削器等工具，以及楔形、锥状等类型的石核（产生
石叶后剩余的核心部分）等。石叶主要用于复合工具如骨柄石
刃刀的刃部，在金属工具出现之前，坚硬、锋利的骨柄石刃
刀，是肢解野兽的工具；安装上石镞、石矛头的射猎工具，极
大地增加了杀伤力；石刃、弧刃刮削器在切割兽皮、剔除兽皮
上的油脂等方面可以说是得心应手，而各种直刃、凹刃刮削器
在制作骨、角器等方面，则是最理想的工具；尖刃器、雕刻器
等在钻孔、雕饰花纹等方面只要信手拈来即游刃有余。细石器
是北方草原地区以狩猎业为主要社会经济形态的古人类所特有
的文化遗存，与中原地区以采集业、原始农业为主要社会经济
的古人类集团截然有别，是中华文明大花园中具有鲜明特征的
重要组成部分。

石镞

新石器时代仰韶文化后期（距今5800~4800年）

鄂尔多斯地区出土

长3.2、宽1.1厘米

琢制石镞，是细石器考古学遗存中的典型器物。

陶刀

新石器时代仰韶文化后期（距今5800~4800年）
鄂尔多斯地区出土
左：长6、宽3.4厘米
右：长8.7、宽4.5厘米
多由残破的陶制容器残块改制而成。

陶钵

新石器时代仰韶文化后期（距今5800~4800年）
达拉特旗瓦窑遗址出土
口径19.3～24.6、底径9.5～12.2、高8.2～13.8厘米
泥质灰陶。敛口或直口，折腹或斜收腹，平底。素
面磨光或器表饰绳纹。

陶壶

新石器时代仰韶文化后期（距今
5800~4800年）

准格尔旗薛家湾贺家沙背遗址出土

口径11.7、底径13.6、高34.8厘米

泥质灰陶。小口，沿外侈，鼓腹，
平底。腹部设有双扁平桥状器耳。
素面抹光。

夹砂陶罐

新石器时代仰韶文化后期（距今
5800~4800年）

达拉特旗瓦窑遗址出土

口径18.4、底径9.4、高35.6厘米

夹砂灰陶。敛口，直沿，鼓腹，平
底。通体饰细绳纹。

夹砂陶罐

新石器时代仰韶文化后期（距今5800~4800年）

达拉特旗瓦窑遗址出土

口径9.6、底径5.1、高10.8厘米

夹砂灰陶。侈口，鼓腹，平底。颈部饰一周泥条附加堆纹。

泥质陶罐

新石器时代仰韶文化后期（距今5800~4800年）

达拉特旗瓦窑遗址出土

口径9、底径9.5、高13.8厘米

泥质灰陶。敛口，鼓腹，平底。颈部饰一圈戳印纹，腹饰绳纹。

筒形陶罐

新石器时代仰韶文化后期（距今5800~4800年）

鄂尔多斯地区出土

口径20.4、底径11.4、高19.4厘米

夹砂灰陶。直口，筒形腹斜收，平底。上腹部饰交错细绳纹。

（二）喇叭口尖底瓶（酉瓶）
——中国文字起源的见证

中国早期的文字绝大多数都是象形文字，因此，由喇叭口尖底瓶的形态与甲骨文"酉"字的形态十分接近，可以推测，我国象形文字形成的时间，至少应在距今5000年左右的海生不浪文化（即仰韶文化晚期）阶段。另外，据目前已知的考古发现可以看出，这种形态的喇叭口尖底瓶，以鄂尔多斯地区发现的数量最多，形态也最接近甲骨文。由此可见生活在鄂尔多斯地区的古人类，在中国文字的产生以及在中华文明的起源和发展历程中发挥的巨大作用。

喇叭口尖底瓶

新石器时代仰韶文化后期（距今5800~4800年）
达拉特旗奎银生沟遗址出土
口径19.9、高72厘米
泥质灰陶。喇叭口，束颈，亚腰，尖底。饰篮纹。

喇叭口尖底瓶

喇叭口尖底瓶是海生不浪文化时期，生活在鄂尔多斯地区的古人类大量使用的一种汲水用具。由于它的整体形态与商代甲骨文中"酉"字的形态十分接近，因此考古学界也把它称为"酉瓶"。古人类之所以把它制成这种形状，一方面在于即使把它置于较浅的河床内，也可以较为轻松的为容器注满水，另一方面则是为了便于人们往返搬运过程中的把持及防止水的外溅。由于其形态颇似一个硕大的乳房，取之于生命对乳汁的依赖情结，古人类又给予了其企盼人口兴旺、企盼五谷丰产等许多特殊的寄托。

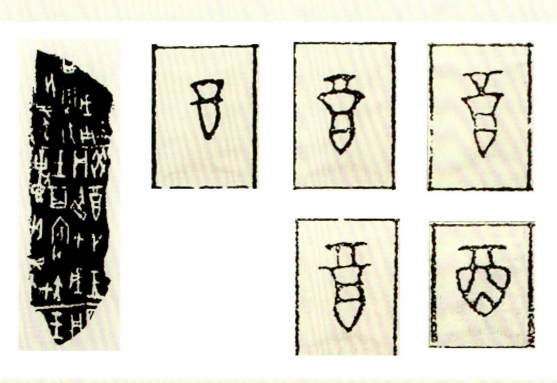

甲骨文、金文、大篆"酉"字发展示意图

（三）寨子圪旦遗址
—— 远东金字塔

寨子圪旦遗址是中国北方地区迄今为止所发现时代最早的石城遗址之一，也是为数极少的、集防御与宗教为一体的新石器时代晚期（距今约4800～4600年）古人类聚落遗址，它的发现，为中国北方地区新石器时代晚期聚落形态、社会组织以及社会发展进程的研究工作等，提供了全新的珍贵资料。该遗址应该属于南流黄河西岸数个和其同时代的古人类部落共同拥有，掌控这里的主人，拥有代表人类和天、神沟通的能力，拥有凌驾于其他部落之上的特权，因此无论其构成形态，还是功能、性质等，均堪称远东地区的"金字塔"。

站在黄河边上抬头仰望，寨子圪旦遗址地形险要，气势恢宏。坚固的石筑围墙，高高在上的祭坛，虽经历了五千余年历史岁月的无情洗涤，却依然生动地再现着鄂尔多斯地区人类文明社会前夜的动荡、激昂、神秘与惨烈。石城遗址那坚实的围墙，已奠定了中国文明社会牢固的根基，摆放在那青烟缭绕的高大祭坛上的，兴许就是在历史的漩涡中由喇叭口尖底瓶衍生而成的斝式鬲等神器，里面盛着祭祀神灵的牺牲，石城的主人可能同时还兼有神圣的特权人物——巫师身份，他一手握着象征权力的石钺（即原始权杖），一手挥舞着法器，口中念念有词，传承着人与上天的沟通。祭坛下的山谷间，人头攒动，呐喊声声，一场为了生存与发展的对话剑拔弩张，一触即发 ……人类社会就是在这样的喧嚣声中，一步步由新石器时代迈向青铜时代的门槛，并不断向更高的社会发展阶段迈进。

寨子圪旦遗址全景

寨子圪旦遗址航拍图

寨子圪旦遗址远景

陶喇叭口圈底瓶

新石器时代仰韶文化末期（距今约4800~4600年）

准格尔旗寨子圪旦遗址出土

口径15.4、高52.5厘米

泥质灰陶。喇叭口，束颈，广肩，弧鼓腹，圈底，

底部中心有尖状凸纽。

喇叭口圈底瓶是寨子圪旦遗址居民使用的一种陶制

汲水器皿，由喇叭口尖底瓶发展而来。

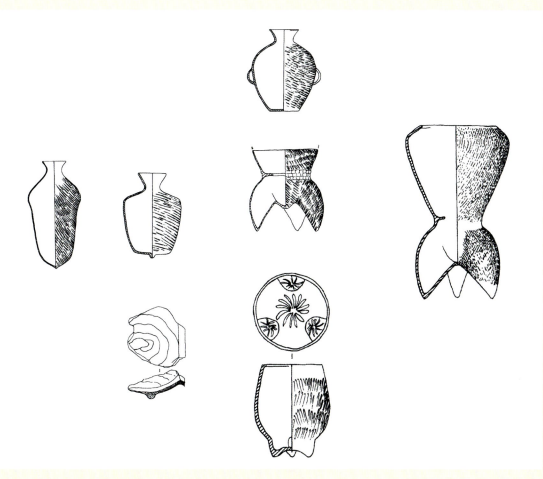

喇叭口尖底瓶、圜底瓶、高领壶、三足瓮、甑发展示意图

最早的尖底瓶出现在距今6500年前，是主要活动在陕西渭河流域仰韶文化早期半坡类型的古代先民的用具，考古学称之为"杯形口尖底瓶"。到距今6000年前，形制演变为"双唇口尖底瓶"，是以陕西华山为活动中心的仰韶文化中期庙底沟类型的古代先民使用的标志性器物，并辐射中国大部分地区。至距今5500年左右，发展为"喇叭口尖底瓶"，成为黄河中、上游地区仰韶文化晚期众多古人类集团使用的器物。延绵千余年，尖底瓶发展序列清晰、一脉相承，成为中华远古文明发展脉络的标志。喇叭口尖底瓶在鄂尔多斯地区，经历了与中原地区同样的发展、衍化历程，这里早期人类与中原文明的血缘关系，自然不言而喻。

陶盆

新石器时代仰韶文化末期（距今约4800～4600年）
准格尔旗碾房塔出土
口径23.1、底径11.5、高18.5厘米
泥质灰陶。敛口，折沿，折腹，平底。腹两侧设鋬手。上腹部素面磨光，下腹部饰斜篮纹。

陶豆

新石器时代仰韶文化末期（距今约4800～4600年）
准格尔旗大路遗址出土
口径14.7、底径9.5、高13.5厘米
泥质灰陶。直口，深腹，平底，喇叭口高圈足。

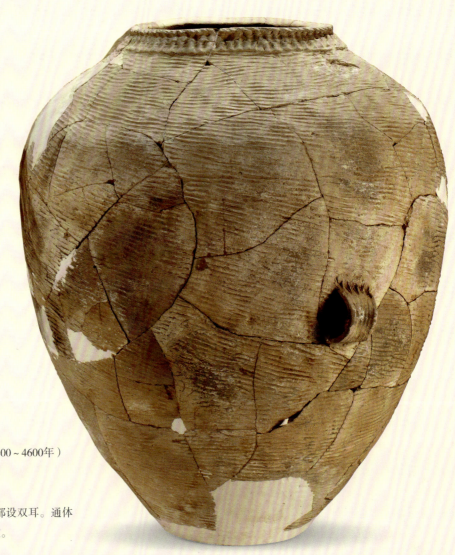

夹砂陶瓮

新石器时代仰韶文化末期（距今约4800～4600年）
准格尔旗寨子圪旦遗址出土
口径24.9、底径19.6、高61.4厘米
夹砂灰陶。敛口，鼓腹，平底。腹部设双耳。通体
饰篮纹，口沿外饰一周泥条附加堆纹。

陶壶

新石器时代仰韶文化末期（距今约4800～4600年）

准格尔旗寨子圪旦遗址出土

口径13.7、底径13.5、高38.4厘米

泥质灰陶。喇叭口，束颈，广肩，鼓腹，平底。腹两侧各设一扁平桥状器耳，颈部素面抹光，腹部饰篮纹。

夹砂陶罐

新石器时代仰韶文化末期（距今约4800～4600年）

准格尔旗寨子圪旦遗址出土

口径19.2、底径13.2、高38.3厘米

夹砂灰陶。敛口，折肩，弧鼓腹，平底。通体饰斜篮纹。

陶缸

新石器时代仰韶文化末期（距今约4800～4600年）

准格尔旗寨子圪旦遗址出土

口径32、底径17.5、高37.5厘米

夹砂灰陶。直口，直腹弧收，平底。通体饰斜篮纹，颈部饰数周泥条附加堆纹。

（四）承前启后的永兴店文化

永兴店遗址是一处时代相当于新石器时代龙山文化时期的古人类活动遗址，因其文化面貌独特被命名为"永兴店文化"（或称老虎山文化永兴店类型）（距今约4600～4200年）。永兴店文化上承当地具有鲜明特征的"海生不浪文化"、"阿善文化"，与相当于夏商时期的"朱开沟文化"具有亲缘关系，承袭、延续发展脉络清晰可辨，在研究整个内蒙古中南部地区新石器时代晚期以及青铜时代早期历史领域具有十分重要的地位。

陶抹子

龙山时代（距今约4600～4200年）
准格尔旗永兴店遗址出土
长19、宽7.5厘米
泥质灰陶。扁平长方体，抹面平整光滑，背面中部有安柄用的圆孔，四周有附加堆纹。为当时人们建造房屋时抹泥、白灰面等使用的工具。

鬲

鬲是永兴店文化居民率先发明使用的一种炊器。随着人类熟食程度的不断增加，人们对炊器的要求越来越高，永兴店文化的居民受中原地区居民使用的炊器——釜形斝的启发，创造了新的炊器——鬲。鬲的使用，最大程度的增大了炊器的受火面积，充分利用了热能源，是炊器发展史上的一次革命，成为整个黄河流域纵贯铜石并用时代、青铜时代近三千年的主流炊具。

鬲的主要容积部分（三个袋足）所具有的形如硕大垂乳的特殊形态，或许早在发明之初，就赋予了人们深深的寄托情结，使之成为祭祀等重大社会活动使用的神圣器皿，并最终成为以鼎、鬲为代表的古代中华文明的重要核心之一。

大袋足陶鬲

龙山时代（距今约4600～4200年）

准格尔旗永兴店遗址出土

口径25、高46.9厘米

夹砂灰陶。侈口，束颈，三大袋足。腹部两侧有鋬。袋足饰绳纹。

陶瓮

龙山时代（距今约4600～4200年）

准格尔旗永兴店遗址出土

口径42.5、底径21.5、高41厘米

夹砂灰陶。直口，方唇，筒形腹斜收，平
底。腹两侧有鋬。通体饰斜绳纹及附加堆
纹。盛储器。

陶鬲

龙山时代（距今约4600～4200年）

准格尔旗永兴店遗址出土

口径26.9、高60.5厘米

夹砂灰陶。敛口，广肩，腹斜收，束腰，
下接三大袋足。通体饰绳纹。

鬲

鬲是永兴店文化居民率先发明并大量使用的一种
重要炊器。在鬲发明以前，人们蒸制食物的时候，
需把食物放入甑内置于夹砂罐上进行。由于甑的
底部与罐的口部难免有空隙，蒸制时要浪费很多
热能，所以后来的人们就改制成了这样的连体炊
具。永兴店遗址发现了数量众多的陶鬲，反映出
蒸制的食物在人们的日常生活中占有很大的比
重。部分形体特别浑大的鬲除日常生活中用作炊
具外，还是人们祭祀时使用的供器，也是葬殓儿
童时经常使用的瓮棺葬具。

陶盆

龙山时代（距今约4600～4200年）

准格尔旗永兴店遗址出土

口径31.2、底径13.2、高26.5厘米

夹砂褐陶。敞口，弧鼓腹斜收，平
底。通体饰绳纹。盛储器。

陶鬶

龙山时代（距今约4600～4200年）

准格尔旗永兴店遗址出土

口径7.6、高7.5厘米

泥质灰陶。敞口，直领，下接三袋
足。通体素面磨光。食具，类似于
今天的小火锅。

三　养育早期北方民族的摇篮

　　1984年在伊金霍洛旗纳林陶亥乡朱开沟村发现朱开沟遗址，该遗址时代上限约相当于距今4200年龙山时代晚期，下限约相当于距今3500年的商代前期。出土器物具有鲜明的文化特征，故命名为"朱开沟文化"。

　　朱开沟遗址的发现，不仅填补了鄂尔多斯地区夏商阶段考古学文化的空白，破译了一段延续约800年、鲜为人知的鄂尔多斯古代历史，而且开启了现代人与先民对话的窗口，古老的朱开沟人正是通过这个时空隧道，一步步走入人们的视野。是朱开沟这个貌似平常的小山沟，孕育出了中国北方原始社会末期最发达的古代文化；是朱开沟这个名不见经传的小山沟，铺垫出中国早期北方民族登上中国乃至世界历史舞台的平坦大道，点燃了北方游牧民族征战历史的星火之源。

朱开沟遗址地貌

（一）朱开沟文化——再现鄂尔多斯青铜时代早期历史的平台

　　朱开沟晚期，鄂尔多斯地区的古人类已经掌握了冶铜铸造技术，贫富分化比较显著，已步入文明社会的门槛。由于气候环境的恶化，朱开沟时期人们适时改变土地的利用方式及经济结构，由农转牧或半农半牧。由此，中国北方畜牧文化的雏形，首先在鄂尔多斯地区从原始农业文化中分离出来，完成了人类历史上的第一次社会大分工。以"鄂尔多斯青铜器"为代表的我国北方游牧民族文化，就是在朱开沟文化的基础上逐步发展起来的。

石铲

龙山时代晚期（距今约4200年）

伊金霍洛旗袁宝锁湾遗址出土

长45.3、宽11厘米

通体磨制。平面长方形，器体修长、
较薄，直刃锐利。

石杵

龙山时代晚期（距今约4200年）

伊金霍洛旗朱开沟遗址出土

顶部直径4.7、底部直径3、高17厘米

通体磨制。整体圆柱形，杵面平整。

石斧

龙山时代晚期—夏（距今约4200～3600年）

东胜布日梁、准格尔旗西营子乡、准格尔旗
大路公社大脑包出土

长11.9～16.8、宽5.7～6.1厘米

多数为琢制，通体磨光。整体略呈长方体或
圆柱体，横剖面呈弧角方形或椭圆形，器体
厚重，弧平顶，正锋，直刃。石斧是朱开沟
居民最主要的生产工具。

石刀

龙山时代晚期—夏（距今约4200～3600年）

准格尔旗张家圪旦村高家坪遗址出土

上：长9.5、宽5.8厘米

下：长9、宽5.1厘米

磨制。背部窄，刃部宽，平面呈梯形，器身扁平
或刃部略向一侧弯曲，中部有一对钻孔，斜锋，
刃部锐利。

石凿

夏（距今4100～3600年）

伊金霍洛旗朱开沟遗址出土

长4.2、宽2厘米

琢制，通体磨光。器身狭长，略扁平，斜锋。

骨锥

夏（距今4100～3600年）

伊金霍洛旗朱开沟遗址出土

长10.3～11.2、宽2.1～2.4厘米

多用羊、鹿的掌、蹠骨或尺骨作原料，将
骨料纵向从中间剖开琢磨而成，柄部扁
平，锥头细长，横断面呈圆形或扁圆形，
尖部锐利。

骨针

夏（距今4100～3600年）

伊金霍洛旗朱开沟遗址出土

长9.8～16.5、直径0.4～1.1厘米

多选用羊或鹿的肢骨作原料，取中间骨体用锯切法截成窄长骨条，通体磨制而成。尾端钻或刻划针眼，针体细长，针尖精细。

骨针筒、骨针

夏—商前期（距今4100～3400年）

伊金霍洛旗朱开沟遗址出土

骨针筒：长10.2、直径0.8厘米

骨针：长4.5～7.7、直径0.1厘米

将鸟的肢骨、羊胫骨等两端关节去掉，取中间管状骨体作原料，磨平两端或锯切断面并用物堵塞，制成存放骨针的针筒。器体细长，作管状，在骨管表面有刻划纹饰。

069

骨镞

夏—商前期（距今4100～3400年）

伊金霍洛旗朱开沟遗址出土

长7.2～8.7厘米

用鹿角片及牛或马鹿的厚肢骨片通体磨
制而成，形制规整，磨制精细。

石球（弹丸）

夏（距今4100～3600年）

准格尔旗张家圪旦村高家坪遗址
出土

直径4.1～4.6厘米

磨制而成。

陶垫

龙山时代晚期—夏（距今约4200～3600年）

伊金霍洛旗索儿亥沟出土

垫面长8.3、垫面宽6.4、高7.6厘米

泥质灰陶。用陶土捏塑烧制而成，整体作蘑菇
状，垫面圆鼓光滑，圆柱状柄。柄部饰绳纹。

陶鬲

龙山时代晚期—夏（距今约4200～3600年）
伊金霍洛旗朱开沟遗址出土
口径11.5、高13.7厘米
泥质灰陶。敛口，折肩，腹斜收，下接三袋足。肩部两侧有对称的鋬手。口部外侧抹光，下饰绳纹。

三足瓮

中国著名考古学家苏秉琦在谈到中国北方古代文化对中华文明的贡献时，曾激情洋溢地写过一首诗，其中的一句为"大青山下斝与瓮"，这里的瓮就指这种三足瓮。三足瓮不仅是朱开沟文化居民特有的生活用具，而且也是南流黄河两岸青铜时代古人类普遍使用的一种非常具有特色的器皿。三足瓮极有可能起源于内蒙古中南部地区，它同大袋足鬲、敛口直腹甗等器皿一样，都是朱开沟文化居民的祖先率先发明创造的，然后沿黄河南下，完成了向晋中等地区的传播与辐射。三足瓮下部乳状袋足的设置，最初应该同样寄寓着创造者企盼丰产的初衷。

陶三足瓮

龙山时代晚期—商前期（距今约4200～3400年）
准格尔旗布尔陶亥乡出土
口径26.1、高53.6厘米
泥质灰陶。敛口，深弧鼓腹，底部有三个小乳状袋足。口部外侧抹光，其下通饰绳纹。

陶三足瓮

夏（距今约4100～3600年）
准格尔旗张家圪旦村高家坪遗址出土
口径29、高46.1厘米
夹砂红陶。侈口，束颈，圆鼓腹，
下接三个小袋足。通体饰浅绳纹。

陶圜底瓮

夏—商前期（距今约4100～3600年）
伊金霍洛旗朱开沟遗址出土
口径26.4、高59.4厘米
泥质褐陶。敛口，深腹，圜底。中腹
部有对称的两个鋬手，通体饰绳纹。

陶花边鬲

龙山时代晚期—夏（距今约4200～3600年）

伊金霍洛旗朱开沟遗址出土

口径10、高16厘米

夹砂灰陶。直口，直领，下接三袋足。领部有一
周花边状泥条附加堆纹，颈部以下饰中绳纹。

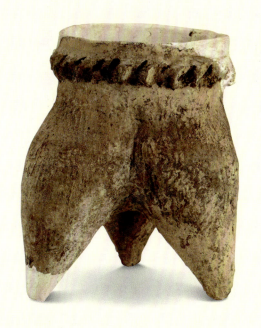

单把鬲

单把鬲是朱开沟文化居民墓葬随葬品中的主要组成部分，
其功用似乎与分餐制的小火锅相同。朱开沟遗址发现的单
把鬲大多制作十分规整，特别是那些饰方格纹的单把鬲，
不仅制作工艺高超，而且规整划一，如果不是专业陶工，
很难达到如此境界。因此推测朱开沟文化阶段已经出现了
专业的陶工。另外，发现的部分没有任何使用痕迹的单把
鬲，应是专门制作的冥器。

陶单把鬲

夏（距今约4100～3600年）

伊金霍洛旗朱开沟遗址出土

口径12、高15.9厘米

泥质灰陶。侈口，直领，颈部略内收，下接三袋
足。口部至袋足上部有一扁平拱形器把。领部素
面抹光，袋足饰方格纹。

陶单把鬲

夏（距今约4100～3600年）

伊金霍洛旗朱开沟遗址出土

口径9.1、高14厘米

泥质灰陶。侈口，圆唇，高领，领壁略弧，颈部内收，下接袋足，分裆。口部至袋足间有一扁平拱形器把。领部素面抹光，袋足饰绳纹。

陶高领鬲

夏（距今约4100～3600年）

伊金霍洛旗台圪庙乡乌拉敖包出土

口径32.9、高51厘米

夹砂灰陶。侈口，直领，下接三袋足。通体饰绳纹。

陶鬲

商前期（距今约3500年）

伊金霍洛旗朱开沟遗址出土

口径9.5、高15厘米

砂质灰陶。侈口，唇外翻，矮领，颈部内收，低分
裆，下接袋足，袋足较肥硕，无实足根。口部外侧
饰两个长方形小錾纽。通体饰绳纹。

陶鬲

商前期（距今约3500年）

准格尔旗薛家湾贾家湾出土

口径9.2、高12厘米

泥质灰陶。敞口，束颈，鼓腹下接三袋足，分裆
较低，袋足低矮。口沿至肩部有对称双系。口沿
抹光，其余部位饰绳纹。

陶鬲

商前期（距今约3500年）

伊金霍洛旗朱开沟遗址出土

口径12.6、高14.5厘米

砂质灰陶。模制袋足，套接领部。整体扁方形，
侈口，方唇，矮直领，裆较低，袋足粗壮，实足
根。领部抹光，袋足饰绳纹。

陶甗

夏（距今约4100～3600年）

准格尔旗张家圪旦村高家坪遗址出土

口径32.6、高55.7厘米

夹砂褐陶。侈口，盆形腹，束腰，下接三大袋足。下腹部有两个鋬手。通体饰绳纹。甗也是朱开沟文化时期居民重要的炊器和瓮棺葬具。

陶大口尊

夏（距今约4100～3600年）

伊金霍洛旗朱开沟遗址出土

口径23.8、底径13、高15.9厘米

泥质灰陶。敞口，略出肩，斜弧腹，平底。口沿下抹光，腹饰方格纹。

陶高柄豆

龙山时代晚期—夏（距今约4200～3600年）

伊金霍洛旗朱开沟遗址出土

口径13.9、底径12.2、高20.2厘米

泥质灰陶。敞口，浅腹，凹底，柄细高，柄
部底端略呈盘口形。器表素面抹光。

陶豆

龙山时代晚期—夏（距今约4200～3600年）

伊金霍洛旗朱开沟遗址出土

口径27.8、底径19.9、高23.4厘米

泥质灰陶。敞口，腹较深，平底，亚腰形镂
孔圈足柄，柄较粗壮。器表素面抹光。

陶高领罐

龙山时代晚期—夏（距今约4200～3600年）

伊金霍洛旗霍洛苏木石拉塔遗址出土

口径17.5、底径8.5、高28.9厘米

泥质灰陶。侈口，高领，束颈，折肩，斜直腹，平底。器表经抹光，下腹部饰竖篮纹。

陶单耳罐

龙山时代晚期—夏（距今约4200～3600年）

伊金霍洛旗朱开沟遗址出土

口径9.9、底径7.8、高12.6厘米

泥质灰陶。侈口，直领，圆鼓腹，平底。口沿至上腹部有一扁平半环状耳。领部抹光，腹饰绳纹。

陶单耳罐

夏（距今约4100～3600年）

伊金霍洛旗布尔洞门南沟大队三套石圈出土

口径9.1、底径9.5、高14.4厘米

泥质褐陶。侈口，直领，腹部圆鼓，平底。领部至中腹部有一扁平半环状耳。通体素面抹光。

陶双耳罐

龙山时代晚期—夏（距今约4200～3600年）

伊金霍洛旗朱开沟遗址出土

口径11.5、底径7.7、高16.8厘米

泥质灰陶。侈口，斜直领较高，弧折腹，平底。口部至腹部间有两个对称的扁平拱形器耳。通体素面抹光。

陶壶

夏（距今约4100～3600年）

伊金霍洛旗朱开沟遗址出土

口径10、底径6.2、高14.9厘米

泥质灰陶。喇叭形敞口，长颈，颈部内收，圆鼓腹，平底。素面，器表经抹光。

卜骨

夏后期（距今约3700年）

伊金霍洛旗朱开沟遗址出土

长30.3、宽20.4厘米

朱开沟遗址发现的卜骨，所用材料主要
是牛和鹿的肩胛骨，另外还有少量的
猪、羊、骆驼和熊的肩胛骨。多数卜骨
在使用前都对所选用的骨料进行刻意加
工，最常见的方法是将肩胛岗后缘修
平，部分将关节角或关节颈亦去掉，仅
有少数直接使用未加整治的骨料。发现
的卜骨多数都有灼有钻，少数只灼不
钻，还没有发现有凿者。

（二）朱开沟——孕育中国早期北方民族的沃土

朱开沟文化出土有较多独具特征的器物，如蛇纹鬲、鹤嘴石斧、短剑等，这些后来都成为活动在北方地区的广大畜牧、游牧民族十分喜爱的生活器皿。

鹤嘴石斧

商前期（距今约3500年）
伊金霍洛旗朱开沟遗址出土
长13.3、宽4.4、厚3.6厘米
通体磨制。整体略呈鹤头形，前后端较尖锐，中部銎尚未成型。

陶蛇纹鬲

商前期（距今约3500年）
伊金霍洛旗朱开沟遗址出土
口径14、高23.2厘米
砂质灰陶。侈口，直领，颈内收，下接三乳状袋足。口部外侧饰附加堆纹，通体饰绳纹，裆部至袋足饰直线、折线状"蛇纹"。

蛇纹鬲

蛇纹鬲是朱开沟文化时期独具特征的陶器之一，主要用于煮制食物，形体较小，便于携带。因在器物的领部、裆部以及袋足等部位装饰有近似于爬行蛇状的细泥条附加堆纹，故简称"蛇纹鬲"。蛇纹鬲是伴随朱开沟人生存的自然环境不断向冷、干发展，社会经济由典型的农业经济向半农半牧的转变应运而生，后来成为活动在北方地区的广大畜牧、游牧民族十分喜爱的生活器皿。

虎头内铜戈

商前期（距今约3500年）

伊金霍洛旗朱开沟遗址出土

长28.6、内宽4.2厘米

虎头内青铜戈是北方草原民族借鉴或吸纳中原农耕民族的一种长柄兵器，但戈援部后端装饰的则是展现北方草原文化特征的虎头形图案。两种不同的文化，虽然由于经济形态的不同，双方始终处于分道扬镳的境地，但由于千丝万缕的牵连，它们在这里有机地融合在了一起。

铜刀

商前期（距今约3500年）

伊金霍洛旗朱开沟遗址出土

长34.9、刃宽2.5厘米

铸造后经热冷加工处理而成。刀身细长，弧背较厚，尖部上翘，弧刃锋利，柄部略窄、稍向下弯曲，环首，柄部两侧边缘厚、中部薄、中间有一道细直棱，柄与刃相接的阑部有一圆凸。

铜短剑

商前期（距今约3500年）
伊金霍洛旗朱开沟遗址出土
长25.4、柄宽2厘米
铸造后经热冷加工处理而成。剑
身近似柳叶形，厚脊，双面刃，
直柄、中间有两道凹槽，柄首略
呈环状，剑格较窄、向下斜凸。
柄部缠绕麻绳。
这柄青铜短剑，是中国发现最早
的青铜短剑，距今已有约3500年
的历史。

第三章　草原青铜

ᠭᠤᠷᠪᠠᠳᠤᠭᠠᠷ ᠪᠦᠯᠦᠭ ᠲᠠᠯ᠎ᠠ ᠶᠢᠨ ᠬᠦᠷᠡᠯ

　　青铜即古代文献中称之的"金"，是人类冶金史上最早生成的合金。考古学上，把人类使用青铜制品的时代，叫做"青铜时代"。

　　青铜器是伴随社会生产力的发展而产生的，在人类社会的物质文明和精神文明体系中占据着独特的地位。青铜器与青铜工艺的发展演化，反映的不仅仅是当时社会的物质进化史，更多展现的是社会综合发展史。当中原农耕民族簇拥着青铜鼎、鬲、簋、尊、盘、爵更多的是作为身份、地位、权利象征的青铜礼器步入文明社会时，在中国北方广袤的土地上，早期北方民族面对生态环境向冷、干方向的不断恶化，适时改变土地利用方式，在传统经济的基础上一步步走向畜牧经济，最终完成了和中原农耕文明的分野，走入了他们别样的草原青铜世界。

一　追寻草原先民的足迹

从19世纪末叶开始，在我国北方长城沿线地带陆续出土了大量以装饰动物纹为特征的青铜及金、银制品，具有浓郁的自身特征。由于以鄂尔多斯及其周边地区发现的数量最多、分布最集中，也最具典型性，因此，被称作"鄂尔多斯青铜器"、"绥远式青铜器"或"北方系青铜器"。

由于鄂尔多斯青铜器风格独特，造型精美，特别是所表现出的与欧亚草原畜牧民族青铜文化的共性，不仅具有重要的考古学、历史学、民族学研究的价值，同时也有极高的观赏性，是难得的古代艺术珍品，因而备受瞩目。在世界许多著名的博物馆中，均可以见到这种独具特色的古代东方草原游牧民族的文化遗存。鄂尔多斯这块古老、神奇的土地，也因"鄂尔多斯青铜器"而享誉海内外。

二　北方游牧（畜牧）民族的首朵奇葩

鄂尔多斯青铜器起源于商代，春秋、战国是它的鼎盛时期。鄂尔多斯青铜器是活动在北方长城沿线地带、以狄—匈奴为代表的我国北方地区早期畜牧—游牧民族的物质文化遗存，种类繁多、形制多样，按用途大体可分为兵器、生产工具和生活用具、装饰品以及车马器三大类，以大量的动物造型为装饰题材是其最大特征。其中的绝大多数为青铜质，同时还包含部分金、银、铁等质地的器皿，习惯上把他们通称为"鄂尔多斯青铜器"。

鄂尔多斯青铜器大多是当时的实用器皿，它既不同于夏、商、周青铜器的敦厚、凝重；也不似三星堆青铜器那样神秘、诡异。但正由于它最贴近人们的日常生产、生活，最能反映当时社会的现实状况及人们最直观的意识观念，所以，它才与以礼器著称的中原农耕民族青铜文明，以神器著称的西南巴蜀民族青铜文明等共同构筑了多姿多彩、博大精深的中华青铜文明。我们也得以通过鄂尔多斯青铜器穿越历史的时空隧道，对缺乏文献记载的、被历史的尘埃掩埋两千余年的早期北方民族的生活天地，进行近距离的窥探。

1 | 斯基泰文化
Scythian

2 | 萨夫罗马泰文化
Sauromatian

3 | 萨卡
Saka

欧亚草原青铜文化分布示意图

卡拉苏克文化
Karasuk

4 塔加尔文化
Tagar

5 图瓦的阿尔然王家
Arzhan

6 阿尔泰的巴泽雷克文化
Pazyryk

7 蒙古青铜器
Mongolia Bronze

8 中国北方系文化区
China Northern Cultural District

（一）兵器、生产工具及生活用具

鄂尔多斯青铜器中属于兵器、生产工具类的器皿较多，有短剑、镞、戚、刀、鹤嘴斧、流星锤、棍棒头、斧、锥、凿等。生活用具有铜锥、勺、镜、镤等。

兵器

兵器主要有短剑和镞等两大类，这与《史记·匈奴列传》等文献中有关匈奴"士力能弯弓，尽为甲骑……其长兵则弓矢，短兵则刀铤"的记载相符。

虎头纹铜戚

春秋战国（公元前770～前221年）

鄂尔多斯地区出土

长12、宽4.3厘米

整体形状作有銎直内戈状。援部平直、弧直刃，平面呈椭圆形的长管状銎，銎的侧面有圆形穿，内部装饰虎首纹。铜戚属于鄂尔多斯青铜器中早期阶段的一种兵器，至中期以后便逐渐退出了历史舞台，被其他兵器所替代。

铜鹤嘴斧

春秋战国（公元前770～前221年）

伊金霍洛旗合同庙出土

长6.5～16.4、宽2～3.2厘米

整体略呈圆柱状，一端呈斧状，有扁刃，另一端呈圆锥形鹤嘴状，中部凸起，有椭圆形銎。

鹤嘴斧

铜鹤嘴斧是鄂尔多斯青铜器中最富有特征的器物之一。整体略呈圆柱状，前端细长、后端短粗，中部鼓凸有用于安柄的椭圆形銎，侧面观与鹤等大型飞禽的头部十分相似，故名，是一种颇具威力的装柄使用的啄击工具或兵器。鹤嘴斧于春秋、战国多为铜质，战国、西汉初期流行铁质。

棍棒头、流星锤

棍棒头和流星锤是鄂尔多斯青铜器中最富有特征的器物之一。流星锤整体多呈六棱形、八棱形或瓜瓣形，棱平面上有的设尖状突起。棍棒头中心有圆形銎孔，是一种装柄使用的砸击工具。流星锤则在一个棱面上有圆形环纽，是两个或两个以上一组，彼此用绳索相连，抛掷出去击打、羁绊动物的工具。主要用于狩猎活动，但也不排除在军事行动中作为武器使用的可能性。另外，棍棒头同时还用作权杖的杖首，《匈奴传》载："左右骨都侯辅政"，骨都侯辅佐单于行使权力，即用此棍棒头作为权杖。"骨朵"即"骨都"，这一后来出现的对北方民族武士使用的一种类似于狼牙棒武器的称谓，即由此演化而来。

铜流星锤

战国（公元前475～前221年）

杭锦旗桃红巴拉墓地出土

直径5～6厘米

整体略呈球形，表面有瘤状凸起及环纽。

铜棍棒头

战国（公元前475～前221年）

伊金霍洛旗合同庙出土

长4.1～5、宽2.4～2.5厘米

椭圆形，两头有圆尖，中间有銎。

铜棍棒头

战国（公元前475～前221年）

伊金霍洛旗台圪庙出土

直径2.9～4.5、高2.5～3.4厘米

铜戈

春秋（公元前771～前475年）

鄂尔多斯地区出土

长15.5、宽4厘米

援狭长、体较厚，中部起脊，尖刃，管状銎，銎
部有圆形穿，直内。内部饰牛头纹。

献鸠敬老的风俗

据文献记载：周人即有献鸠敬老的风俗。而《后汉书·礼仪志》更是明确记载："年始七十者，授之以王杖……端以鸠鸟为饰。鸠者不噎之鸟，欲老人不噎也。"可见，王杖是朝廷授予七十岁以上老人的一种权力性的凭证，由于鸠鸟有吃食物不会被噎死的特殊功能，所以送鸠杖是引申预祝老人健康长寿。这种遗俗一直延续到明清，故民间在给老人做寿时，方有"坐看溪云忘岁月，笑扶鸠杖话桑麻"的寿联。

从"鸠者不噎之鸟"的角度考虑，鸠为鹤类水禽是再恰当不过的了，因此，鄂尔多斯青铜器中的鹤头形杖首，就应该和我国古代流行的"鸠杖"具有密切的亲缘关系。而它的发展过程，同样来源于由图腾崇拜而衍生出的权杖，与"欲老人不噎也"的鸠鸟形象相结合。

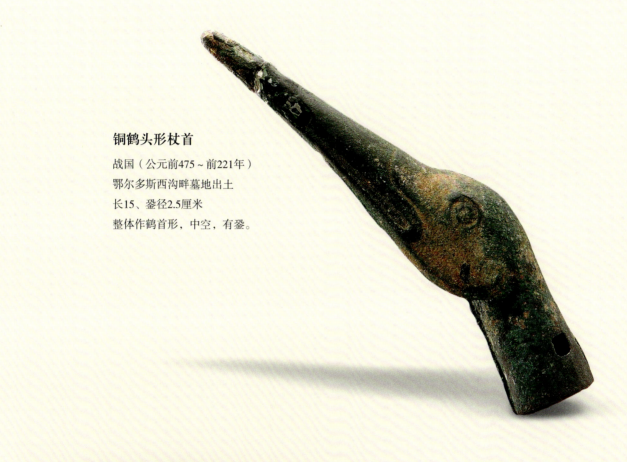

铜鹤头形杖首

战国（公元前475～前221年）

鄂尔多斯西沟畔墓地出土

长15、銎径2.5厘米

整体作鹤首形，中空，有銎。

铜杆头饰

战国（公元前475～前221年）

鄂尔多斯地区出土

长11.9、宽2.7厘米

整体略呈圆柱状，中部有方形銎，銎上有穿，銎两端为浮雕的虎首造型。

伫立羚羊铜杖首（杆头饰）

战国（公元前475～前221年）

鄂尔多斯地区出土

高16.3厘米

圆雕伫立羚羊，大角垂至脑后，足下有圆管状銎。

动物图腾

古代，人们崇拜大自然中的生物，将它们视为图腾，依仗它的神力保佑族群的平安，这是许多原始民族共同的习俗。而将崇拜物形象装饰于杆顶或杖端，则是早期北方民族图腾崇拜的另一种表现形式。一方面，它是由图腾柱古俗衍生出的一种更适宜于游牧民族的生活习俗，代表当时社会集团中不同血源人群的崇拜物和标识物。另一方面，它又将祖先崇拜、神灵崇拜与地位、身份相结合，成为权利的象征。这类包括伫立的羚羊、卧马、狻猊等在内的圆雕青铜饰件，应是具备神权、宗族权或地位标示功能权杖的杖首。

立马形铜杖首（杆头饰）

战国（公元前475～前221年）
鄂尔多斯地区出土
高13.2厘米
圆雕伫立马，双耳竖起，垂首，弓背，
足下有圆管形銎，銎一侧有环形鋬。

双盘角羊头铜杆头饰

战国（公元前475～前221年）
鄂尔多斯地区出土
高7.1厘米
圆雕两只盘角羊的前半身，羊首相背，弯角，胸部以下为圆管状銎。

伫立驴形铜杆头饰

战国（公元前475～前221年）

鄂尔多斯地区出土

高13.9厘米

圆雕立驴，垂首，大耳，足下踩圆球，球下有管形銎。球体及銎侧均有小穿。

伫立羚羊铜杆头饰

战国（公元前475～前221年）

鄂尔多斯地区出土

高12厘米

圆雕羚羊，双角盘曲在脑后，短尾上翘，四肢并立。足下有扁条形支柱，上有三个圆形穿。

狻猊形铜杆头饰

战国（公元前475～前221年）

准格尔旗速机沟出土

狻猊身长9.5、高5.6、銎长10厘米

圆雕狻猊，张口瞪目，后肢蹲踞，身体前倾，作
向前猛扑状，四足下有圆管形銎。

卧马形铜杆头饰

战国（公元前475～前221年）

准格尔旗速机沟出土

高15.3厘米

圆雕卧马，俯首立曲，四肢内屈，蹄下有圆管形銎。

伫立羚羊形铜杆头饰

战国（公元前475～前221年）

准格尔旗玉隆太出土

高17.3厘米

圆雕羚羊，四肢并立，昂首竖角，四蹄下有方形銎。

短剑

短剑是鄂尔多斯青铜器中最具特色的器物之一。北方民族彪悍尚武，短剑是成年男子必备之物。短剑既是他们马上近距离进攻的利器，也是贴身搏斗和护身的武器，同时还具有一个勇士的身份及对战神崇拜的双重象征，所以他们对短剑倍加崇爱，在制作上不仅坚固、锋利、实用，而且非常重视对它的装饰，整体通透一种威严而庄重的气势。

北方畜牧民族短剑的长度，要远远短于中原农耕民族的青铜剑，究其原因：一方面可能是由于青铜冶铸技术上的差异造成的，另一方面可能是在昭示马背民族勇猛、彪悍，敢于近身肉搏的精神，同时也说明他们对阵时，制胜的法宝并不仅仅在于手中的短兵器，很大程度上要归根于群体急马奔腾时形成的冲击、震撼和威慑力。

剑在中华文明中的地位非同一般，但无论从语言学的角度考虑，还是从现有考古发现都不难看出，中原地区青铜短剑的兴起，应该是受到了相当程度早期北方民族的影响。而影响中国延绵数千年的"剑文化"的形成，最初则与北方早期畜牧民族对"径路刀"、"径路神"的古老情结，具有直接的关联。正是这种对"法"与"神"的崇拜情结，才使得"剑"这种兴起于北方草原的神奇兵器，融汇了后人无尽的渴盼与希冀。

双豹对卧纹柄铜短剑

战国（公元前475～前221年）

征集

通长33、刃宽3.5厘米

这件双豹对卧纹柄青铜短剑，既可能是首领佩戴的宝刀（径路刀），也可能是巫师（萨满）所持有的法器，还可能是伫立在祭坛上的神器（径路神）。剑柄的双豹图案，或显示着持剑者本人的威猛尊严，或昭示着短剑自身所蕴含的像猎豹那样凶猛、强悍的神奇威力，将庇佑人们在即将进行的狩猎或战事中，所向披靡，大获而归。

铃首铜短剑

商晚期（约公元前1300年）

鄂尔多斯地区出土

左：长29.1、宽5.4厘米

右：长25、宽6.4厘米

铃首，顶部扁平，茎部扁圆形，下部饰两道旋纹。剑格宽大，呈"一"字形外突。剑身宽短，脊呈圆形隆起，剑柄弯曲。

羊首铜短剑

商晚期（约公元前1300年）

鄂尔多斯地区出土

长20.5、宽5.9厘米

盘角羊首，扁平茎，"一"字形剑格，剑身宽短，脊呈圆形隆起。

鹿首铜短剑

商晚期（约公元前1300年）

鄂尔多斯地区出土

长24、宽4.8厘米

鹿首，扁圆形茎，"一"字形剑
格，宽短剑身。

五鸟纹柄铜短剑

春秋晚期至战国早期（公元前850～前650年）

鄂尔多斯地区出土

长31、宽4.9厘米

格斜外突，呈翼状，剑身狭长，中部起脊。剑
首饰兽面纹，柄上饰有五鸟纹。

双蛇首虎纹柄铜短剑

春秋（公元前770～前476年）

鄂尔多斯地区出土

长28.2、宽4.8厘米

剑首为一首双身蛇形，柄部有虎纹，剑格
呈翼状，外部上翘，剑身狭长。

虎首铜短剑

春秋（公元前770～前476年）

鄂尔多斯地区出土

长23.2、宽4厘米

剑首为卧虎形，柄部有"己"字形
纹，剑格较宽，饰兔纹。

双鸟首铜短剑

战国（公元前475～前221年）

鄂尔多斯地区出土

长21.3、宽4.1厘米

剑首为双鸟头组成的环形，柄部
两侧起棱，剑格下斜外突，呈翼
状。剑身狭长，中部起脊。

双环首夔龙纹柄铜短剑

战国（公元前475～前221年）

达拉特旗出土

长29.7、宽3.6厘米

双环首，翼状剑格，狭长剑身。环上饰联珠纹，柄部饰上下两只夔龙纹。

环首马头格铜短剑

战国（公元前475～前221年）

鄂尔多斯地区出土

长32.5、宽5.4厘米

环首，扁直茎，剑身狭长，剑格为马首形，剑格与剑身间有凹槽。

双环首鹰头格铜短剑

战国（公元前475～前221年）

鄂尔多斯地区出土

长26.4、宽4.3厘米

剑首环形，为双兽首回曲状。茎部扁平，有两道凹槽。剑格扁圆形，饰涡纹。

龙首、蛇首、铃首、羊首或鹿首匕形器

龙首、蛇首、铃首、羊首或鹿首匕形器是鄂尔多斯青铜器中非常有特色的一种器皿。造型别致，制作精美。由于其刃部并不锋利，有的还很钝笨，显然不适宜日常生活中的切割、穿刺，加之其精美的造型、华丽的装饰等综合分析，这类器皿应该是在特殊场合下使用的、类似于匙、叉类功用的器具。《汉书·匈奴传下》中曾记载："刑白马，单于以径路刀、金留犁挠酒。"这里所言的"径路刀"和"金留犁"，即有可能就是柄部装饰豪华的青铜短剑和青铜龙首、鹿首或蛇首匕形器。

龙首铜匕形器

商晚期（约公元前1300年）

鄂尔多斯地区出土

长24、宽2.3厘米

柄部有龙首装饰，柄身两侧各有四个小环。

鹿首铜刀

商晚期（约公元前1300年）

鄂尔多斯地区出土

长12.8、宽1.9厘米

刀身弯曲，刀尖上翘，柄首为鹿首形，尖嘴，大耳。柄部中间有一道锯齿形纹。

各式铜刀

北方畜牧民族的主要生活资源就是放牧的牛羊以及狩猎所得的猎物，由于这些生活资源从宰杀、切割、食用，以及皮革的加工、使用等，都离不开锋利的带刃工具，这样，便于携带、得心应手的各式铜刀，理所当然地成了当时人们日常生活中使用最频繁的工具之一，这也是鄂尔多斯青铜器中发现铜刀数量最多的根本原因所在。

蕈首铜刀

春秋（公元前770～前476年）

鄂尔多斯地区出土

长23、宽2.2厘米

柄首呈蕈状，柄部较细，刀身稍弯曲。

羊首铜刀

商晚期（约公元前1300年）

鄂尔多斯地区出土

长29.5、宽4.1厘米

柄首为羊首形，长嘴圆眼，首下有一大一小两
环。柄部有绕线纹，柄与刀身有界阑。

双羊首铜刀

春秋（公元前770～前476年）

鄂尔多斯地区出土

长22、宽2.5厘米

柄首为双羊形，刀身微弯曲，柄
部中心有联珠纹。

立虎首叶脉纹柄铜刀

春秋（公元前770～前476年）

鄂尔多斯地区出土

长27.3、宽3.2厘米

柄首伫立虎形。柄部饰叶脉纹。

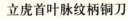

羊首嵌陨铁柄铜刀

春秋（公元前770～前476年）

鄂尔多斯地区出土

长20.5、宽1.6厘米

柄首伫立羚羊，刀身略弯。柄部饰乳丁纹。

鹿首铜刀

春秋（公元前770～前476年）

鄂尔多斯地区出土

长32、宽2.7厘米

刀柄与刀身分界明显，刀首为透雕镂空鹿首形，刀身略弯曲。刀柄有螺旋状装饰。

鹿纹柄铜刀

春秋（公元前770～前476年）

鄂尔多斯地区出土

长25.2、宽2.1厘米

刀柄与刀身分界明显，柄首有长方形孔。柄部装饰一排伫立鹿纹。

虎逐鹿纹、野猪纹柄铜刀

春秋—战国（公元前550～前350年）

鄂尔多斯地区出土

长22.5、宽1.7厘米

长条形，刀柄与刀身分界不明显。柄部一面饰虎
鹿纹，一面饰野猪纹。

辫纹柄铜刀

战国（公元前475～前221年）

鄂尔多斯地区出土

长19、宽1.9厘米

刀柄与刀身分界不明显，刀柄为辫纹。

环首折线纹、锯齿纹柄铜刀

战国（公元前475～前221年）

鄂尔多斯地区出土

长16.1、宽2.5厘米

刀柄与刀身分界不明显，柄部有环首。柄一面饰
折线纹，一面饰锯齿纹。

环首狼纹柄铜刀

战国（公元前475～前221年）

鄂尔多斯地区出土

长18.3、宽1.6厘米

环首，刀柄与刀身分界不明显。柄部饰狼纹。

环首四鹿纹柄铜刀

战国（公元前475～前221年）

鄂尔多斯地区出土

长13.4、宽2厘米

环首。柄部有四只鹿纹作装饰。

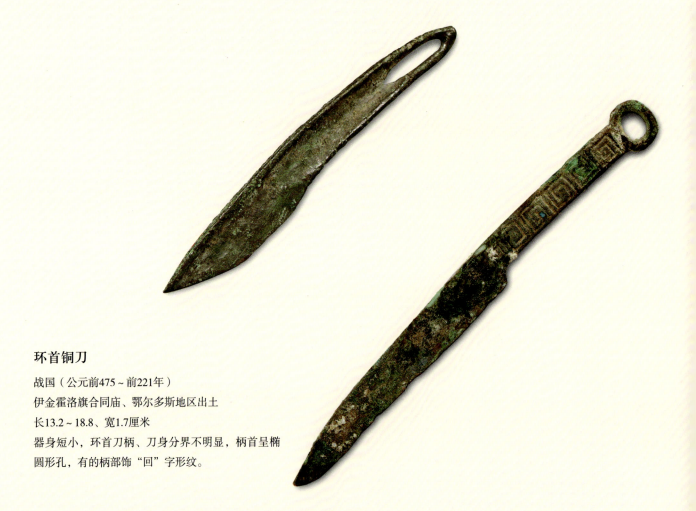

环首铜刀

战国（公元前475～前221年）

伊金霍洛旗合同庙、鄂尔多斯地区出土

长13.2～18.8、宽1.7厘米

器身短小，环首刀柄、刀身分界不明显，柄首呈椭圆形孔，有的柄部饰"回"字形纹。

双触角首铜刀

战国（公元前475～前221年）

鄂尔多斯地区出土

长17.5、宽2.2厘米

双触角首，柄与刀身分界明显，
刀尖上翘。柄部饰折线纹。

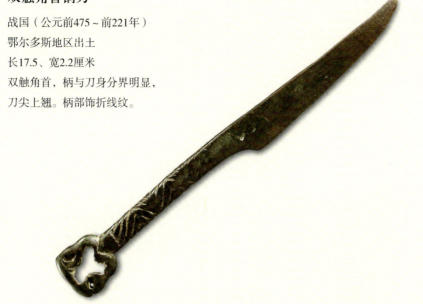

活动扁环首凹槽柄铜刀

战国（公元前475～前221年）

鄂尔多斯地区出土

长21.3、宽2.6厘米

扁环状首，首接小短削，削刀可插
入刀柄。刀柄部有小穿，饰两道凹
槽，刀尖上翘。

生产工具

　　鄂尔多斯青铜器生产工具有斧、凿、锥。

　　弓箭、毡帐、车舆、皮革质的马具、衣饰等，是北方民族日常生活的必需物品。所有这些，都离不开木作、皮革加工业的支持，大量青铜斧、凿、锥等工具的发现，足见木作、皮革等加工不仅是当时社会的一个重要的生产部门，而且规模、发展水平都非常的出众。

铜斧

战国（公元前475～前221年）

鄂尔多斯地区出土

长13厘米

器身呈长条形，弧刃或直刃。顶端有椭圆三角形
銎口，銎口外缘有凸棱，銎部有镂空或钉孔。

铜凿

战国（公元前475～前221年）

伊金霍洛旗合同庙出土

长13.3厘米

凿体呈为圆柱形或方柱体，扁平状
刃，凿顶呈圆角方形。

生活用具

生活用具有各种铜锥、勺、镜、镤。

双人面形首铜锥

战国（公元前475～前221年）

鄂尔多斯地区出土

长16.2厘米

锥体剖面方形，尖部为圆锥形。锥首为两个相拥的人
首，人面相贴，身体相拥，手部相握，身上刻划斜线。
这类制作十分讲究、锥柄端装饰成人面形、柄部也装饰
花纹等的青铜锥，应该是在特殊场合下使用的器皿。

铃首铜锥

战国（公元前475～前221年）

鄂尔多斯地区出土

长17～19厘米

上部是椭圆球形铃，有三角形镂空。柄部截面为圆柱体，锥身截面为三棱体，尖部锐利。这种铜锥是鄂尔多斯青铜器中最为常见的器形。

蕈首铜锥

战国（公元前475～前221年）

鄂尔多斯地区出土

长12～14厘米

锥首为蕈首（蘑菇状首），锥体剖面为方形，往下渐细，尖部为圆锥形。有的锥身设环纽。

熊形柄铜锥

战国（公元前475～前221年）

鄂尔多斯地区出土

长8.7厘米

锥首为立式小熊，熊双眼圆睁，身形圆滚，憨态可掬。锥体上部一截为圆柱体，其下截面为方形，向下渐收成锥形尖部。

铜勺

柄部多装饰缠绕状的绹纹或锯齿形花边，柄端多有孔，便于随身佩带，充分体现了游牧民族的生活特性。其形体较大者应为食具；形态特别纤小者，更多的是作为一种饰物来佩戴；而少数形制特别精美、柄部装饰繁缛者，甚至柄部装饰图案左右成双配对者，或许涉及宗教领域的作用，为巫师一类的神职人员使用的专用器皿。

虎柄铜勺

战国（公元前475～前221年）

鄂尔多斯地区出土

长5～7.1、宽1.2～1.5厘米

匙头呈长柳叶形或卵形，柄部铸爬行虎形，虎首前部有环，用于系挂。

铜镜

对于逐水草而居的北方草原民族而言，平静的水面就是人们日常生活中最好的镜子，因此，他们无需在这个领域刻意追求，与中原农耕民族使用的铜镜相比，北方草原民族所使用的铜镜镜体较小、轻薄，为了携带、握持的便利而设立动物造型的纽或柄，是其最大的特征，而且柄部的动物纹造型制作十分精美。其装饰性更大于实用性，或者更多的是巫师（萨满）作法事使用的神器。

野猪、虎、鹿纹柄铜镜

战国（公元前475～前221年）

鄂尔多斯地区出土

直径6.2、通高10厘米

镜面圆形，平素。镜柄较短，圆雕一组动物。最上部为长嘴的野猪，四肢站立，弓背垂尾，张口撕咬虎肚。虎在中间，后腿按压着一只鹿，上身向后翻转，张口咬住野猪的后腿，前肢抵在猪的肘部。虎下部伏卧一只鹿，鹿的身体已被虎牢牢压住，只能伸颈仰首作哀鸣状。

鍑

鍑是北方草原游牧民族特有的一种炊具，除铜质的外，还有铁质的。这类器物双耳的设置，不仅在于就炊时搬动方便，更主要的是为了马背民族迁徙时的携带方便，而镂空高圈足的设计，也是针对游牧民族的生活特点，就炊时随便找一个略平坦的地点，把铜鍑从马背上解下来就地一放，在高圈足下一拢火就可以炊事了。

双耳铜鍑

西汉（公元前202 ~ 公元9年）

鄂尔多斯地区出土

口径14.7 ~ 17、底径8.9 ~ 12、通高23.5 ~ 28厘米

直口，圆筒形腹，圜底，方立耳，喇叭口状

高圈足，圈足上有四个梯形镂空。

双耳铜鍑

战国（公元前475～前221年）

鄂尔多斯地区出土

口径15.9、底径11、通高26厘米

敛口，圆鼓腹，圜底，环形立耳，喇叭形高圈足，圈足上有两个小孔。

双耳铜鍑

西汉（公元前202～公元9年）

鄂尔多斯地区出土

口径16.3～18.3、底径9.6～11.6、通高21.8～23.5厘米

敛口或直口，鼓腹或深筒形腹，平底，双立耳。

（二）装饰品

早期北方民族同样有灵魂不灭的信仰，他们在给去世的人下葬时，侍死如侍生，将死者生前的日用品、饰品等一同随葬，以供逝者在另一个世界享用。考古中发现的墓主人生前佩戴的饰物，为我们今天了解两千多年前早期北方民族的装束、习俗、意识形态、审美观念等提供了珍贵的实物佐证。鄂尔多斯青铜器中的装饰品，主要有头饰、项饰、服饰等。

头饰

早期北方民族的首领常常佩戴非常讲究的冠饰，我国历史文献中就有关于"胡冠"的记载，而鄂尔多斯地区出土的两套完整的冠饰，则是迄今为止国内发现的唯一的"胡冠"实物，弥足珍贵。

鹰形金冠（复制品）

战国（公元前475～前221年）

杭锦旗阿鲁柴登墓地出土

冠带直径16.8、鹰高6.7厘米，重1400克

鹰形金冠于1972年出土于杭锦旗阿鲁柴登，由黄金制成上、下两部分。
金冠上部是一只昂首傲立、展翅欲翔的雄鹰，其脚下半圆形球体上浮雕一
圈狼噬咬盘角羊的图案。下部冠带由三条半圆形图案组成，主体部分为绳
索纹，相互连接部的两端分别铸造浮雕的虎、马、羊图案。虎龇牙咧嘴，
造型凶猛强悍；马、羊低头伏卧，呈温顺之态。该金冠是战国时期活动在
鄂尔多斯地区的早期北方民族部落首领的头饰，是迄今为止发现的唯一一
套"胡冠"实物，稀世罕见。金冠融铸造、锻压、捶揲、抽丝等先进技术
于一身，不仅制作精美、金碧辉煌，而且内涵丰富、寓意深刻。整套冠饰
显示威猛的雄鹰高高在上，鸟瞰草原上虎狼咬噬马羊、弱肉强食的生动画
面，寓意着佩戴者翔游太空、俯视草原、统领大地的豪迈气概。

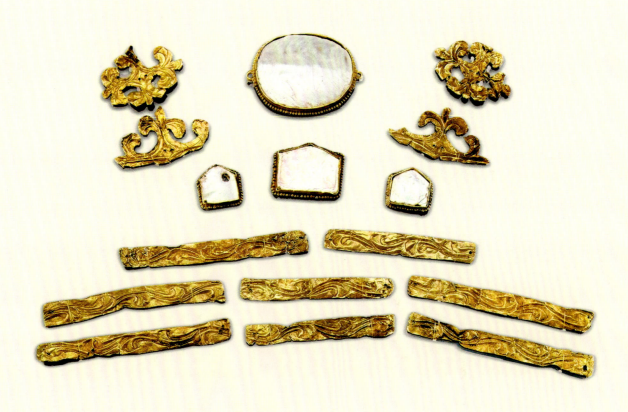

金冠饰

西汉初期（约公元前200年）

准格尔旗西沟畔墓地出土

长30、宽20厘米，总重约150克

冠饰由捶揲朵花形金片、浮雕金饰片及嵌蚌饰件等
组成。各类金片及嵌蚌饰件的边缘或两侧均有小
孔，因此这些饰件应该是缝缀在冠状衬物上的。

包金嵌玉耳饰

西汉初期（约公元前200年）

准格尔旗西沟畔墓地出土

长7.6～8、宽4.4～5厘米

全套耳饰由长形鹿纹金饰牌、方形嵌蚌金串饰、包金
玉佩等组成。鹿形动物纹是典型的草原文化特征，嵌蚌
及其周围的联珠纹工艺，是波斯及地中海古希腊、罗马
等西方古文明特有的作风。因此，这副耳饰不仅是国宝
级的精美文物，同时也是研究汉代以前中原与北方草原
民族以及整个欧亚草原地区东西文化交流的极好物证。

红玛瑙金耳环

战国（公元前475～前221年）

征集

长4.5厘米，重11克

圆形耳环，下接玛瑙坠饰。

金璜

战国（公元前475～前221年）

鄂尔多斯地区出土

长18.5、宽4.5厘米，重66克

扁平月牙形状，两端有孔。

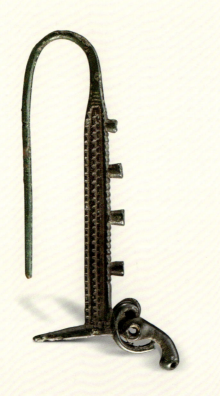

羊首铜耳钩

战国（公元前475～前221年）

征集

长8、宽3.5厘米

整体略作倒"U"形，一端为圆雕盘角羊首，其

上为方柱体，饰成排篦点纹，正面自上而下有四

个小圆管状凸起，内空，推测当初曾嵌有饰物。

另一端为细长的耳钩。

绿松石珠饰

西汉初期（约公元前200年）

准格尔旗西沟畔墓地出土

长径约0.6～1厘米，共95颗

由长方形扁平状或圆柱状绿松石珠串成。

玛瑙珠饰

战国（公元前475～前221年）

准格尔旗西沟畔墓地出土

长径约1.5～4.7厘米，共89颗

由圆柱形及圆形、不规则形玛瑙珠串联而成。

铜盔

战国（公元前475～前221年）

征集

宽18、高21.6厘米

半圆形，顶部有方形纽，纽上有小乳突，

正背面开椭圆形口。

腰带饰

以各种动物纹为装饰图案或者以动物为造型的带扣、饰牌、饰件等，是当时最主要的服饰品。它们中的绝大部分应为腰带饰，就是文献中记载的狄—匈奴民族特有的"胡带"，它是鄂尔多斯青铜器最重要的组成部分，是早期畜牧民族聪敏智慧的结晶，造型生动，特征鲜明，不仅具有极大的史学研究价值，同时还具有极高的艺术价值。

（1）带扣

带扣是腰带的钩挂、束系构件，主要起到将腰带的两端扣合到一起的作用。它是早期北方民族特有的一种束带用具，与中原农耕民族惯于使用带钩的习俗截然不同，是两种经济形态不同的文化间的表现。

带扣也称为铰具。王国维在《胡服考》中说："其带之饰，则于革上列置金玉名曰（铰）具，亦谓之校，亦谓之环。其初本以佩物，后但致饰而已。"这段记载，大体反映了带扣的所指以及带扣使用上由最初的实用功能向最后重装饰功能的发展、变化历程。

变体鸟形铜带扣

春秋战国（公元前771年~前221年）

鄂尔多斯地区出土

长3.4~5.2、宽2~3.1厘米

带扣后端有略呈方形的环，相对的另一端有外向伸出的扣舌，扣舌突出于环体外。环部有凹点纹或弧形纹等。

> **变体鸟形带扣**
>
> 鄂尔多斯青铜器中的带扣，绝大多数为平面形制呈圆形或椭圆形的环状，一端有一个向外伸出的或方或圆类似于鸟的尾翼状的孔纽，相对的一方则有一个鸟头或鸟喙状的钩形小凸起。侧面视之，整体似一只展翅滑翔的鸟，所以有学者将其称为鸟形带扣。
>
> 带扣表面除少数的光素外，大多数在环面上装饰有成组的凹点纹、长方形点状纹、弧线纹、云纹、并排缠绕的绳索纹、皮条纹等较为简单的平面图案。

变体鸟形铜带扣

春秋（公元前770~前475年）

鄂尔多斯地区出土

长6.8、宽5.5厘米

镶宝石动物纹铜带扣

战国（公元前475～前221年）

鄂尔多斯地区出土

长10.6、宽9.1厘米

略呈弧顶梯形，透雕动物纹饰，弧顶端由突起的扣舌。镶嵌有红、蓝、白、黑等多色宝石。

回首动物形铜带扣

战国（公元前475～前221年）

鄂尔多斯地区出土

长7.9、宽5.2厘米

椭圆形环状，内饰回首立鹿，环上有钩舌。

双虎噬双鹿纹铜带扣

战国（公元前475～前221年）

鄂尔多斯地区出土

长6、宽3厘米

带扣平面饰虎噬双鹿纹，环上有竖起的鸟首形钩舌。

双虎夺鹿纹铜带扣

战国（公元前474～前221年）

鄂尔多斯地区出土

长5、宽4厘米

圆环形带扣，环内平面饰透雕双虎夺鹿形图案，环上有尖喙鸟首状钩舌。

虎形铜带扣

战国（公元前475～前221年）

征集

长5.3、宽4.4厘米

整体略呈横"S"形，作透雕的回首蹲踞虎状，颈部有突起的钩舌。虎身周缘饰两周联珠纹。

三豹纹铜带扣

战国（公元前475～前221年）

鄂尔多斯地区出土

长5.2、宽4.5厘米

整体略呈环形，镂雕三只豹纹，与纽相对的一侧有突起的钩舌。

群虎纹铜带扣

战国（公元前475～前221年）

鄂尔多斯地区出土

长5、宽5.9厘米

透雕群虎噬鹿纹，虎颈部有突起的钩舌，
虎足下、尾部各有一环以连接带具。

团豹形铜带扣

战国（公元前475～前221年）

鄂尔多斯地区出土

长4、宽3.5厘米

圆形，镂雕团豹，一侧有纽。

双驴首铜带扣

战国（公元前475～前221年）

鄂尔多斯地区出土

长6、宽5.6厘米

平面略呈正方形，为透雕双驴首相背造
型，驴首双耳间由圆饼相接，双吻间设扣
舌，双眼及鼻孔镂空。

牛形铜带扣

战国（公元前475～前221年）

鄂尔多斯地区出土

长7～9、宽4.3～6.1厘米

平面略呈半圆形，透雕呈牛的造型，重点突出牛
头部特征，周缘饰有镂空的叶状纹及象征意义的
四蹄等。

（2）带具

由带饰和带扣组成，同时具有装饰与束带的功用。

包金卧羊带具

西汉（公元前202～公元9年）

准格尔旗西沟畔墓地出土

带饰：长11.5、宽7厘米，重177克

带扣：长9、宽5.3厘米，重40克

这是一套非常罕见的盘角卧羊铁芯包金带具，一套4件，两两成对，分别由带饰和带扣组成，同时具有装饰与束带的功用。带饰采用高浮雕与圆雕相结合的造型技术，用金片捶揲成盘角卧羊形图案。羊安详静卧，抬头前视，盘角位于头部两侧，四肢内曲呈卧状，羊身周围有卷云纹图案。带饰后背平整，曾有钩纽，已残。带扣作竖长方形环状，用金片捶揲出卷云纹图案。扣合时带饰背部的钩纽搭入带扣的狭长孔内，两个羊头相抵。整套带饰金光灿灿，豪华显贵无比，是迄今所见鄂尔多斯青铜器中极其罕见的珍品。

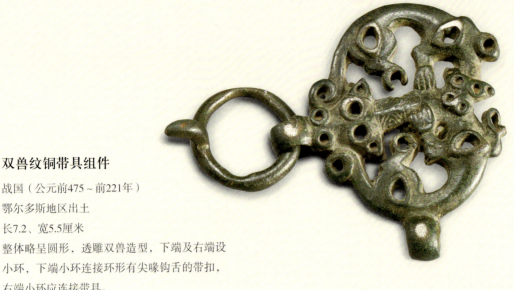

双兽纹铜带具组件

战国（公元前475～前221年）

鄂尔多斯地区出土

长7.2、宽5.5厘米

整体略呈圆形，透雕双兽造型，下端及右端设

小环，下端小环连接环形有尖喙钩舌的带扣，

右端小环应连接带具。

铜带具

春秋战国（公元前770～前221年）

鄂尔多斯地区出土

长71、宽3.8厘米

由环形套接而成的带具及虎咬鹿纹

带扣、带钩构成，虎回首咬住鹿的

尾部。

（3）动物纹金、银饰牌

《战国策·赵策》中载："（赵武灵王）赐周绍胡服衣冠，具带，黄金师比。"黄金师比，即具带之钩，据学者们研究，很可能就是这些具有带扣功能的长方形金饰牌。文献讲，所谓"黄金师比"只有王或者侯才能佩用，这一点与墓葬中长方形金饰牌佩戴者所拥有的随葬品反映出的身份、地位也是相符的。

双兽咬斗纹金饰牌

战国（公元前475～前221年）

鄂尔多斯地区出土

长6、宽3.5厘米、重38克

长方形框，框饰绳索纹。框内透雕双兽咬斗图案，左侧兽直立，虎身，鸟首，钩喙，圆眼，尾部上卷。右侧兽后腿独立，张口咬住左侧兽的背部，利齿外露，足显其威猛程度。

虎衔鹿纹金饰牌

战国（公元前475～前221年）

鄂尔多斯地区出土

长13.2、高6.2厘米，重94克

透雕站立猛虎，昂首，弓背，尾自然下垂。虎口下衔鹿尾和后肢，鹿被向下倒立甩出，鹿首和前肢抵在虎的前肢上而动弹不得。虎、鹿身上有圆形或椭圆形镂空，原应镶嵌有宝石类的装饰。

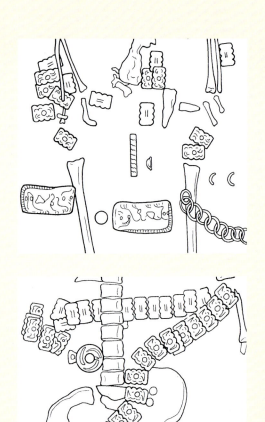

饰牌佩戴示意图

（4）动物纹铜饰牌

各类饰牌是鄂尔多斯青铜器中最具特征的器物，不仅数量众多，而且形态各异，造型优美，是最能反映中国北方草原民族自身文化、艺术特征以及与欧亚草原文化交融信息的物品。

饰牌绝大多数都是成双成对的出土，图案相同，但方向相悖，佩戴时位于腰带前部的一左一右。有些饰牌其中一件的边缘处，有类似于带扣环面上的鸟喙状凸起，因此，它们应当同时具有带扣的功用。

牛纹鎏金铜饰牌

战国（公元前475～前221年）

鄂尔多斯地区出土

长9.3、宽5.5厘米

浮雕，一副两件，图案相同，方向相背。牛略呈侧卧状，牛尾根部耸起，尾端自然下垂，颈部拱起，牛首回转斜抵于前蹄上。

双鹿纹铜饰牌

战国（公元前475～前221年）

鄂尔多斯地区出土

长3.8、宽2厘米

长方形，框内透雕两只上下叠
加的大角鹿。

四鹿纹铜饰牌

战国（公元前475～前221年）

鄂尔多斯地区出土

长4.8、宽2.7厘米

长方形，框内透雕四只上下两两并列的卧鹿，
均作回首状，立耳圆眼。

双兽纹铜饰牌

战国（公元前475～前221年）

鄂尔多斯地区出土

长10、宽5.4厘米

长方形边框，框饰绳索纹，框内透雕伫立双
兽，左右侧立，尾部相接，长嘴，立耳。

神兽纹铜饰牌

战国（公元前475～前221年）

鄂尔多斯地区出土

长6.3、宽3.8厘米

长方形边框，框饰绳索纹，框内透雕伫立虎身鸟首神兽，喙部向下勾垂，尾部上卷。两件左右相配，其中一件在边框有凸起的鸟喙形尖钩。

四驴纹铜饰牌

战国（公元前475～前221年）

鄂尔多斯地区出土

长4.5、宽2.7厘米

长方形边框，框内透雕上下两排四只伫立驴图案。驴弓颈，伏首，大耳，画面重点突出对首、耳部的刻画。

衔尾卧兽纹铜饰牌

战国（公元前475～前221年）

鄂尔多斯地区出土

长7.4、宽4.8厘米

整体略呈矩形，上下图案对置，为
回首衔尾的食肉动物，尾巴又似前
肢，故整体又似回首衔尾卧兽状。

三鹿纹铜饰牌

战国晚期—西汉初期（公元前100～公元100年）

鄂尔多斯地区出土

长13.2、宽6.4厘米

长方形。透雕并列伫立三鹿造型，中间鹿为正面，昂首，
大角分别向左右展开；左右两只鹿为侧身，鹿首扭转成正
面。整个饰牌表现的是一种祥和、静谧的氛围。

双鹿纹铜饰牌

战国晚期—西汉初期（公元前100～公元100年）

鄂尔多斯地区出土

长12.2、宽6.5厘米

长方形。透雕左右相背站立的大角
鹿，鹿首为正面，四周填充草叶纹等图案。

（5）几何纹饰牌

鄂尔多斯青铜器饰牌中透雕有菱形等几何纹饰牌。

菱形网格纹铜饰牌

战国（公元前475～前221年）

鄂尔多斯地区出土

长7.1、宽5.2厘米

长方形，框内透雕菱形网格纹，网格交叉处有乳丁装饰。

几何纹铜饰牌

战国（公元前475～公元前221年）

鄂尔多斯地区出土

长10.4、宽5.5厘米

长方形，镂空几何纹图案，边框浮雕连贝形纹饰。

四出环镂空铜饰牌

汉代（公元前202～公元9年）

鄂尔多斯地区出土

长8.5、宽6.2厘米

长方形，交叉镂空成网状小孔，四周有圆形环。

（6）动物形铜饰件

在鄂尔多斯青铜器中，有大量动物造型的浮雕、透雕制品，它们一般形体较小，以呈蹲踞、伫立、奔跑状的虎、马、鹿、野猪、兔以及牛头、兽头等为主，造型生动，制作精美，小巧玲珑。这些饰件有些背部由于有拱形小纽，因此可以肯定它们是缝缀在衣物上的配饰；有些则在动物的上端或下端有柱状柄，柄端有小孔可以穿线，推测应该是作为项间佩戴用的饰坠；还有些则是车舆上的饰物。

双兔铜饰件

战国（公元前475～前221年）

鄂尔多斯地区出土

长3、高2.1厘米

浮雕，作蹲立状的小兔上下叠压，仰首圆目，长耳垂于脑后。

野猪形铜饰件

战国（公元前475～前221年）

鄂尔多斯地区出土

长4.1、高2.7厘米

伫立野猪，垂首、长吻，鬃毛竖起，短尾上翘。

鹿形铜饰件

战国（公元前475～前221年）

鄂尔多斯地区出土

长4.4、高4.7厘米

伫立青铜鹿，双耳竖起，圆眼长嘴，四足下有扁圆形环。

鸟首形铜饰件

战国（公元前475～前221年）

准格尔旗西沟畔墓地出土

长5.4、高1.6厘米

尖喙，圆目，脑部有羽状装饰。

双牛首铜饰件

战国（公元前475～前221年）

鄂尔多斯地区出土

长5.2、高4.1厘米

双牛首角部有横杠连接，嘴下部有弯管相接。牛首为竖角，立耳，三角形目，突吻。

羚羊形铜饰件

战国（公元前475～前221年）

鄂尔多斯地区出土

高3.5厘米

主体为伫立羚羊形，羚羊低首俯视，双角由脑后
盘曲至肩部，短尾耸起，四肢并立在叠形柄部，
柄下有圆形环，供提挂用。

飞鸿形铜饰件

战国（公元前475～前221年）

鄂尔多斯地区出土

长4.6、宽5.4厘米

饰件整体呈引颈展翅飞翔鸟形。

卧虎形铜饰件

战国（公元前475～前221年）

鄂尔多斯地区出土

长3.2、高1.9厘米

四肢微内屈，呈蹲卧状，俯首垂尾，张口露齿。

虎形铜饰件

战国（公元前475～前221年）

鄂尔多斯地区出土

长5.5、高2.8厘米

伫立青铜虎，俯首垂尾。

鸭形铜饰件

战国（公元前475～前221年）

鄂尔多斯地区出土

长4.8、高4.8厘米

伫立鸭子，引颈昂首。

鸟首形铜饰件

战国（公元前475～前221年）

征集

长2.8、高5厘米

作回首鸟形，鸟首写实，鸟身简化为圆形泡饰，尾上翘。圆泡背部有桥形纽。

人骑马形铜饰件

战国（公元前475～前221年）

鄂尔多斯地区出土

长2.8、高2.5厘米

直立马，四肢挺立，俯首垂尾，马鬃自然下垂，马背上骑人。

双马首形铜饰件

战国（公元前475～前221年）

鄂尔多斯地区出土

长4.3、高3.3厘米

双马首相背，垂首立耳，圆眼，马鬃自然竖起，两马相接处由上自下依次有中、小、大三个圆环。

卧马形铜饰件

战国（公元前475～前221年）

鄂尔多斯地区出土

长4、高3.6厘米

透雕卧马，四肢内屈，昂首，立
耳，尾部下垂。

双兽首形铜饰件

战国（公元前475～前221年）

鄂尔多斯地区出土

直径4.7厘米

圆形，透雕。双兽首相对，鼻翼相触，
身体圆转相接成圆形，肩胛部位以螺旋
形图案表示，双兽前肢交接。

鸿雁形铜饰件

西汉（公元前202～公元9年）

征集

长6.3、高6.3厘米

圆雕，鸿雁飞翔造型，尖喙伸颈，
小圆眼，双翅舒展，圆尾。

（7）扣形浮雕饰件、高浮雕动物饰件、圆泡饰等

　　饰件中有大量具有浮雕和高浮雕图案的圆扣形饰件，形体有大有小。形体较大的多为动物头尾相接的曲身造型，如团豹形饰扣；小型的有浮雕的动物形和梅花形、团鲵形、鸟兽形等。另外还发现有较为罕见的采用高浮雕表现手法的鹰首喙聚形银扣饰、虎头形和双虎相拥形银饰件及金、银刺猬形饰件等。这类扣形饰及饰件大多应该缝缀在衣服的衣襟、袖口、裤脚或靴筒等部位，图案布局和谐，风格独特，制作精美，同样是中国早期北方草原民族文化稀有的艺术珍品。

刺猬形金饰件

战国（公元前475～前221年）

杭锦旗阿鲁柴登墓地出土

长4.5、宽2.6、高2.4厘米，重8.5克

金片压制成立体刺猬形。腹部中空，四足前屈，嘴前伸，屈伸的前肢各有一个小孔，为缝缀在衣物上的穿孔。身上压出舒畅的流苏状花纹。

双虎相拥纹银饰件

战国（公元前475～前221年）

伊金霍洛旗石灰沟窖藏出土

长9、宽3厘米，重43克

高浮雕与圆雕结合。一左一右两只
老虎，相向拥颈，双首相贴，前爪
互搭在对方的颈部和肩部。后肢侧
身，腰部扭转处设计成圆孔形，体
现了力量感。尾部盘绕后脊，尾上
饰联珠纹。此幅画面生动地再现了
幼虎嬉戏耍逗的场景，既有猛虎搏
斗时的动感，又有幼虎圆眼圆耳玩
耍时的俏皮。

刺猬形银饰件

战国（公元前475～前221年）

伊金霍洛旗石灰沟窖藏出土

长6.8、宽4.6、高2厘米，重10克

银片压制成立体刺猬形。腹部中空，四足前屈，
嘴前伸，屈伸的前肢各有一个小孔，为缝缀在衣
物上的穿孔。身上压出流苏状花纹。

六鸟首聚喙形银扣饰

战国（公元前475～前221年）

伊金霍洛旗石灰沟窖藏出土

直径3.3、高1.9厘米，重26克

圆泡形，正面饰六只鸟首聚喙形纹饰，
尖喙，圆眼，边缘一周为花瓣状。

云纹金泡饰

战国（公元前475～前221年）

征集

直径3.9厘米，重35克

圆形，中部略凸起。饰卷云纹。

猪首龙形铜饰件

战国（公元前475～前221年）

鄂尔多斯地区出土

直径10.8～12.6厘米

龙盘曲卷绕成圆形，龙首似猪首，长吻，圆目。鬃毛竖起，身上有鳞甲装饰，尾部卷曲与吻相接。饰件中间有圆形孔。

团豹形铜饰件

战国（公元前475～前221年）

鄂尔多斯地区出土

直径3.5～8.5厘米

透雕，圆形。豹首为正面观，立耳圆眼，全身团成圆形，故称团豹。前爪抵在唇部，后爪抵在腰间，首尾相触。

团豹形鸟首缘铜饰件

战国（公元前475～前221年）

鄂尔多斯地区出土

直径3.7～4厘米

透雕，圆形。豹身扭转成团形，圆眼立耳，四肢交结在中心，以小圆圈代替。豹身外饰一圈尖喙圆眼形鸟首图案。

团鲵形铜饰件

战国（公元前475～前221年）

鄂尔多斯地区出土

直径3.4厘米

圆形，浮雕团鲵图案，圆眼大咧嘴，表情乖巧可爱。

卧马形铜饰件

战国（公元前475～前221年）

鄂尔多斯地区出土

长6.2、高3.3厘米

透雕，卧马造型，立耳垂首，伸颈弓背，四肢回曲。

马驮幼马形铜饰件

战国（公元前475～前221年）

鄂尔多斯地区出土

长5.5、高4厘米

透雕，整体为一匹略呈蹲踞状的马，昂首，垂尾，马背上仁立一小马。

虎逐鹿形铜饰件

战国（公元前475～前221年）

鄂尔多斯地区出土

长4.4、高1.5厘米

透雕，造型定格于猛虎逐鹿的一瞬间。虎在右侧呈奔跑状，张口咬住鹿的背脊，虎尾端上卷。鹿四肢卧地，扭头回望。表现手法虽简单，但造型异常生动。

虎形铜饰件

战国（公元前475～前221年）

鄂尔多斯地区出土

长4.4、高2.9厘米

透雕，虎作蹲踞、回首造型。

牛首铜饰件

战国（公元前475～前221年）

鄂尔多斯地区出土

长2.1、高3.8厘米

浮雕，牛首正面造型。

叠兔形铜饰件

战国（公元前475～前221年）

鄂尔多斯地区出土

长2、高5厘米

透雕，四兔纵向叠压排列。

伫立野猪形铜饰件

战国（公元前475～前221年）

鄂尔多斯地区出土

长9、高5厘米

透雕，整体作伫立野猪状。

动物造型制品

鄂尔多斯青铜器中有大量动物造型的浮雕、透雕制品，它们一般形体较小，以蹲踞、伫立、奔跑状的虎、马、鹿、野猪、兔以及牛头、兽头等为主，造型生动，制作精美，小巧玲珑。这些饰件有些动物背上面有拱形小纽，有些在身上有小孔，由此可以确定它们多是缝缀在衣物上的配饰。有些在动物的上端或下端有柱状柄，柄端有小孔可以穿线，推测应该是作为项间佩戴用的饰坠。

环形兽首铜饰件

战国（公元前475～前221年）

鄂尔多斯地区出土

长9.5、高4.3厘米

圆环，两侧直立圆雕兽首。

卧马形铜饰件

战国（公元前475～前221年）

鄂尔多斯地区出土

长1.7、高1.7厘米

透雕，作回首卧马状。

羊首形铜饰件

战国（公元前475～前221年）

鄂尔多斯地区出土

长3.5、高2.2厘米

透雕，作盘角羊首状。

伫立虎形铜坠饰

战国（公元前475～前221年）

鄂尔多斯地区出土

长2.7、高3.3厘米

透雕，作伫立虎形，背部有桥形

提环，环上有圆纽。

伫立野猪环形铜饰件

战国（公元前475～前221年）

鄂尔多斯地区出土

长3.4、高3.6厘米

圆环上伫立透雕野猪造型。

伫立野猪环形铜饰件

战国（公元前475～前221年）

鄂尔多斯地区出土

长3.7、高5.4厘米

扁平圆环上伫立透雕野猪造型。

卧鹿形铜饰件

战国（公元前475～前221年）

鄂尔多斯地区出土

长4.2、高2.6厘米

圆雕，鹿呈蹲踞形，首前倾，圆眼

立耳，尾端上翘。

人骑骆驼纹铜饰件

战国（公元前475～前221年）

鄂尔多斯地区出土

长9.7、高5.1厘米

透雕，一人骑在双峰驼上，牵引着另

外一只驼驼，前有绵羊引路，驼蹄四

周有树枝、草丛等纹饰补充画面。

驼首形铜饰件

战国（公元前475～前221年）

鄂尔多斯地区出土

长7.7、高5.1厘米

浮雕驼首，圆眼圆耳，嘴部微张、露齿。

蛙形铜饰件

战国（公元前475～前221年）

征集

直径19.5厘米

圆形，外围有突出的四环形纽，圆环
内透雕四腿外张探首的青蛙造型。

青铜坠饰

战国（公元前475～前221年）

鄂尔多斯地区出土

左：高2.6厘米

右：高3厘米

左：镂空连球形，由五个圆环相接而成。顶部有环形孔以便穿系。

右：立体人形，人面部未进一步刻划五官，双手合抱于胸前，双腿并立，双脚尖相抵。

大角鹿形铜坠饰

战国（公元前475～前221年）

鄂尔多斯地区出土

长2.5～2.8、高2.5～2.8厘米

伫立大角鹿，仰首突吻，大角垂直尾部，四足下有环形钮。

双野猪垂叠形铜坠饰

战国（公元前475～前221年）

鄂尔多斯地区出土

长2.3、高3.6厘米

上下两只伫立野猪叠压，野猪背部有圆环钮。

羊头形铜坠饰

战国（公元前475～前221年）

鄂尔多斯地区出土

长2.1、宽1.3厘米

羊首造型，大盘角绕首一周，突吻，

下有短柄，柄下接小纽。

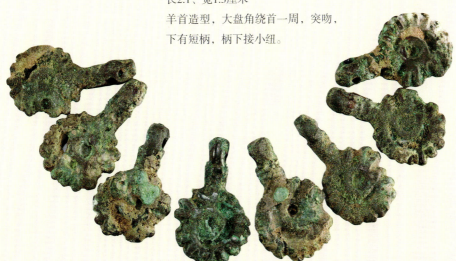

卧驴形铜坠饰

战国（公元前475～前221年）

鄂尔多斯地区出土

长2.7、高2.8厘米

透雕，整体作卧驴造型。

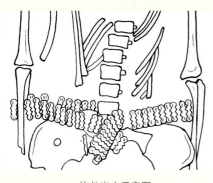

饰件出土示意图

（8）鸟形、兽头形、联珠形铜饰件

　　以鸟形、兽头形、变体鸟形、联珠形、兽头联珠形等为代表的青铜饰件，也是腰带饰中的一大门类。它们或背后有桥形纽，或上下贯通，穿纽处或管銎内常可见到麻绳朽痕。一般都是形制相同的饰件互相连缀成一列，饰件与饰件之间的结合处彼此相互吻合，圈围、折叠自如，既起到美观、装饰性的作用，同时也有一定的类似于铠甲的防护功能。这些饰件或单独构成腰带，或与带扣、动物纹饰牌等组合而成。

双鸟形铜饰件

战国（公元前475～前221年）

鄂尔多斯地区出土

长9.9、高6厘米

整体略呈横"S"形，作双鸟首相对，鸟翅向后卷曲盘绕造型。

双鸟形铜饰件

战国（公元前475～前221年）

鄂尔多斯地区出土

长2.7、高4厘米

透雕，钩喙鸟首两两相对，上下对置，中间有乳丁连接。

双鸟形铜饰件

战国（公元前475～前221年）

鄂尔多斯地区出土

长2～2.4、高3.2～4厘米

上下叠压的两只鸟，鸟首写实，躯体简
化，向上卷曲。两鸟间夹以左右相对的
两只兽首。

变体双鸟形铜饰件

战国（公元前475～前221年）

鄂尔多斯地区出土

长2.2～2.5、高3.9～4厘米

鸟形简化为涡纹，隐约可见鸟的形
象，中部有圆形乳突。

变体双鸟形铜饰件

战国（公元前475～前221年）

鄂尔多斯地区出土

长1.2～2.4、高3.4～3.5厘米

相对称的鸟简化为涡状纹饰，中部有乳突装饰。

双联珠铜饰件

战国（公元前475～前221年）

鄂尔多斯地区出土

长2.7、高5.5厘米

双排菱状串珠（锯齿纹）形饰，串珠上下两
端由圆扣组成，圆扣背后有纽。

联珠形铜饰件

战国（公元前475～前221年）

鄂尔多斯地区出土

长2.3、高5厘米

菱状（锯齿）串珠形饰，串珠上下两端
由圆扣组成，圆扣背后有纽。

联珠野猪形铜饰件

战国（公元前475～前221年）

征集

长2.8、高4厘米

由圆扣与伫立野猪组成，扣背面有纽。

双蛇形铜饰件

战国（公元前475～前221年）

征集

长3.3、高4.7厘米

两条卷曲的蛇对称分布，中间有乳丁连缀。

（9）圆雕动物形铜饰件

北方早期畜牧民族盛行用马、牛、羊随葬的习俗，随葬牲畜的多少，代表了他们生前的社会地位和所拥有的财富。这些用青铜铸造的圆雕的鹿、羊等造型的饰物，应该是社会发展、思想观念进步后在随葬品方面的具体表现。

圆雕蹲踞大角鹿铜饰件

战国（公元前475～前221年）

鄂尔多斯地区出土

长3.5、高2.6厘米

圆雕，作蹲踞大角鹿造型，鹿首前伸，角与背相连。

圆雕鹿铜饰件

战国（公元前475～前221年）

杭锦旗阿鲁柴登墓地出土

长5.6～7.7、高4～7.2厘米

圆雕，鹿作蹲踞状，或昂首远眺，或回首张望。

圆雕大角鹿铜饰件

战国（公元前475～前221年）

杭锦旗阿鲁柴登墓地出土

长9.8、高8.3厘米

头微昂，双眼作远眺状，竖耳、口微张，双角后伸近臀，长角分做数枝，四肢前后盘曲，前脚叠压在后脚上。胸、臀部肥硕，腰部细瘦，腹部中空。

圆雕立鹿铜饰件

春秋战国（公元前770～前221年）

杭锦旗阿鲁柴登墓地出土

长7.5、高8.5厘米

圆雕立鹿，四足攒聚，昂首立耳，伸颈，
直背，短尾微翘。

圆雕鹿铜饰件

战国（公元前475～前221年）

准格尔旗速机沟出土

上：无角鹿长13、高12.5厘米，有角鹿长
13、高16.5厘米

下：无角鹿长13.6、高8厘米，有角鹿长
13.7、高11.5厘米

（10）铜管形饰、铃铛

　　考古发现，这类青铜管形饰及青铜铃铛，多数应是人们随身的佩戴饰物。在各种集会活动中，随着佩戴者肢体节奏的变化，清脆动听的悦耳铃声，时而整齐划一、如滚滚春潮，时而此起彼伏、遥相呼应，令人神魂颠倒，扑朔迷离。佩戴者多数是具有神奇功能的神职人员，如巫师、萨满，有些铃铛还是他们举行法事时手中所持的法器。

铜铃

战国（公元前475～前221年）

鄂尔多斯地区出土

口径2.6、高10厘米

整体呈长圆管形，铃身有长条形镂孔，上有环状纽。

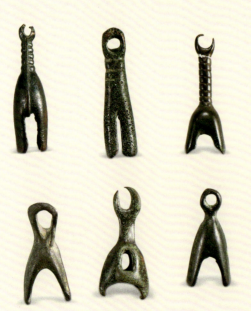

铜铃

战国（公元前475～前221年）

鄂托克前旗出土

高4.2～4.3厘米

形制较小，平面略呈"八"字形，铃口为椭圆形或圆角长方形，上有椭圆形或环状纽，有的铃身有孔。

铜铃

战国（公元前475～前221年）

鄂尔多斯地区出土

铃口径2.2～5.6、高2.5～4.2厘米

铃呈椭圆形或圆形，铃口椭圆形，
上有纽，有的铃身有三角形孔。

管形铜饰件

春秋战国（公元前770～前221年）

鄂尔多斯地区出土

边长1.5、高12厘米

长方形管状，方形口，四面均浮雕有马纹，
四只马呈站立状，前后相继，首尾相接。

圆形管状铜饰件

战国（公元前475～前221年）

鄂尔多斯地区出土

长4.8、直径0.7厘米

圆管，上饰并列旋纹。

（11）动物形铜带钩

北方草原民族虽然主要使用带扣，但同时也借鉴使用了大量的中原农耕民族所用的带钩，而且在使用的过程中，把自己特有的动物纹装饰作风融入带钩的制作中，形成了具有强烈北方草原气息的带钩制品。而这类由整体近似于圆雕动物形的带钩、带扣和链环构成的带具以及动物形带钩、带扣的直接配套使用构成的特殊的腰带，更是两种文化有机结合的典范，不仅取代了传统带钩、带扣的固有形制，更具北方草原文化气息，而且使用起来也更加便捷。

熊持盾、剑形铜带钩

战国（公元前475～前221年）

鄂尔多斯地区出土

长9.3、宽3.6厘米

钩身为立熊，圆目炯炯，左手持盾，右手持剑，俨然一备战的姿势。钩首为蛇首形，钩背有圆形纽。

动物形铜带钩

战国（公元前475～前221年）

鄂尔多斯地区出土

长10.2、宽3.9厘米

钩身为透雕动物形，钩首为扁平

状，钩背有钩。

猴形铜带钩

战国（公元前475～前221年）

鄂尔多斯地区出土

长6.8、宽3.4厘米

钩身铸造成爬行的猴形，猴首右

转呈正面，眉目具备，乖巧可

爱。猴尾弯曲，巧作钩首。背面

有圆形钩纽。

鹿形铜带钩

战国（公元前475～前221年）

鄂尔多斯地区出土

长6.1、宽3厘米

钩身为一只奔鹿的形象，昂首挺

胸，前肢弯曲，背部拱起，后肢腾

起作发力状。后肢处接钩首。

卧虎形铜带钩

战国（公元前475～前221年）

鄂尔多斯地区出土

长6.5、宽2厘米

钩身为虎的造型，虎前肢腾起首回
转，后肢着地，卷尾。钩首为扁平
蛇首状，钩背有纽。

立虎形铜带钩

战国（公元前475～前221年）

鄂尔多斯地区出土

长7.6、宽2.5厘米

钩身为行走虎形，虎尾弯曲做钩首。

（12）铜挂钩

青铜挂钩也是鄂尔多斯青铜器中特征鲜明的一种器类，整体略呈"几"字形或"U"形，两端多铸有圆雕的动物，其间或铸有圆雕动物装饰，或设有悬铃。制作精美，造型繁缛。这类器物应该是"胡带"上的组成部分，部分很可能是挂缰钩，即骑马者行进时将马缰钩挂于此，用以解放双手开弓放箭或抄持它物；部分用于悬挂类似于挤奶桶的器皿。

嵌绿松石铜挂钩

战国（公元前475～前221年）

鄂尔多斯地区出土

长7.3、高10厘米

中部为两只透雕双虎，相对而立，前后肢相抵，虎首共同抵在一方形纽下。虎外各有一屈身昂首的鹿形象。鹿首眼、嘴形象具备，身体简化为弯钩形，下悬铜铃。铜铃镂空，内有铜球。动物的眼、爪部位嵌有绿松石。

兽首形铜挂钩

春秋—战国（公元前770～前221年）

鄂尔多斯地区出土

长8.1、高7.8厘米

圆形挂钩上塑造马头形象，左侧为拱颈低首马头，其下为两只依次排列的兽首。右侧为昂首马面，吻部下接一兽首。

（13）垂针形铜饰件

这些青铜制品多数长不足10厘米，但柄端铸造的各类动物纹图案却十分繁缛、生动、精细，反映了早期北方民族对这种生活必需品的钟爱之情。据其形制推测，应是项间佩戴的垂针形饰坠。

柱形铜坠饰

战国（公元前475～前221年）

鄂尔多斯地区出土

长3.4～6.9厘米

作镂空或实体圆柱形，或由数个圆珠联结而成，

上端有纽孔，以便于系挂。

竹节柄锤形铜坠饰

战国（公元前475～前221年）

鄂尔多斯地区出土

长3.4厘米

顶端有圆形环以供提挂，四节竹节状
柄，其下有铜锤形坠饰。

针形铜饰件

战国（公元前475～前221年）

鄂尔多斯地区出土

长6.6厘米

顶端有圆环孔，其下为四个圆环组成
的花瓣形装饰，下接针形直柄。

（三）车马器

马是游牧民族生产、代步和作战的主要工具，正是由于骑马术的出现和娴熟的驭马技术，才使得他们在与其他民族的对抗中占据了先机。马既是他们的忠实伴侣，也是他们的宝贵财富，因此，对马的防护和装扮，同样是北方民族日常生活中十分重要和引以为豪的一件大事，各式马具便成为鄂尔多斯青铜器中的一个重要组成部分。

马具复原示意图

铜马面饰

战国（公元前475～前221年）

东胜区吴柴登巴拉出土

直径9.8厘米

平面呈圆形，正面略凹，背面铸有桥形纽，便于
在马笼头上固定。马面饰是固定在马两颊的青铜
饰件，主要起防护马的要害部位的功用，同时有
一定的装饰作用。

铜马面饰

战国（公元前475～前221年）

鄂托克前旗出土

长14.4、宽6.2厘米

平面呈"8"字形，正面鼓凸，周边
饰有连续方格形纹。背面有桥形纽。

铜当卢

战国（公元前475～前221年）

鄂托克前旗出土

长11.5、宽5.8厘米

平面略呈倒置桃形，正面鼓凸。背面
铸有桥形纽，便于在马笼头上固定。

铜当卢

战国（公元前475～前221年）

鄂尔多斯地区出土

长7、宽4.3厘米

平面呈不规则形，上宽下窄，周缘呈
内、外联弧状。正面略鼓凸，饰虎首、
鹰喙怪兽纹。背面有桥形纽。

铜节约

战国（公元前475～前221年）

鄂尔多斯地区出土

长4、宽3.7厘米

平面略呈"十"字形，中空，对称四向出孔。
节约是马笼头上的组件。制作马笼头时，
将横纵向皮条分别由节约的"十"字形穿
内通过，就可起到节制、约束、固定这些
皮条相对位置的作用，"节约"一词也由
此而来。节约不仅具有实际功效，同时还
具有美观装饰的作用。

银节约

战国（公元前475～前221年）

准格尔旗西沟畔墓地出土

长5.5、宽2.6厘米，重36.5克

整体略呈竖长椭圆形，正面作一个直立虎的上半
身造型，上部的虎头为高浮雕，虎耳竖立，双眼
圆睁。虎的前肢贴身抬起，虎爪置于颌下，虎的
上躯简化为卷云形图案。背面上部有十字形穿
纽，出土时穿纽内保留有相互交叉的皮条朽痕。
下部分别刻有"少府二两十四朱"、"□工二两
二朱"等铭文，刻款中"两"字的字体与战国时
期赵国铸造的圆肩圆足布上的"两"字相同。该
银节约造型独特，制作精美，是目前所见鄂尔多
斯青铜器中最考究的马具之一，它在研究战国时
期的度量衡制度、书法以及早期北方民族与中原
农耕民族的文化交往等诸多方面，都具有十分重
要的价值。

铜銮铃

战国（公元前475～前221年）

鄂尔多斯地区出土

底长径7.5～14.6、通高10.4～21厘米

整体略呈扁圆柱体，顶部有环纽。铃身有条形、三角形镂孔。鄂尔多斯青铜器中有大量各异多样的铃铛，大型铃铛应该为车舆銮铃及动物项下的配挂饰，一些小型铃铛则应该为人们随身佩戴的饰物。

铜銮铃

战国（公元前475～前221年）

准格尔旗出土

底长径7.5、通高11.5厘米

整体略呈圆锥体，顶部有半环形纽。

铜铃

战国（公元前475~前221年）

准格尔旗乔家坪出土

铃口长5.2、通高4.8厘米

正视体呈梯形，铃口椭圆形，顶部有
纽。正反两面饰三角形纹、桃形卷云
纹、乳丁纹等。

铜车铃

战国（公元前475~前221年）

鄂尔多斯地区出土

高13厘米

梯形支座上立扁圆形銮铃。銮铃镂
空，内有铜球，外接一圈边框。

铜铃

战国（公元前475~前221年）

鄂尔多斯地区出土

銮径2.9、高7.5厘米

圆筒状座，圆球形铃体，有镂孔。

鎏金铜泡饰

战国（公元前475～前221年）

鄂尔多斯地区出土

直径13.2厘米

圆形，正面略鼓凸，中心有一圆雕

的弯角羊首饰件。背面有纽。

铜泡饰

战国（公元前475～前221年）

鄂尔多斯地区征集

直径10.5厘米

圆形，正面高浮雕牛首，立耳，双角
向上弯曲。

四马驭车纹铜饰件

战国（公元前770～前221年）

鄂尔多斯地区出土

长4、宽3厘米

平面略呈圆角长方形，图案镂空，为
平面展开的两两相背四马驭车造型。

四马驭车纹铜饰件

从鄂尔多斯青铜器中发现数量较
多的杆头饰、辕头饰以及各类车
舆装饰等分析，当时使用车辆已
较为普遍。从发现的四马驭车纹
青铜饰件分析，当时北方草原畜
牧民族使用的车舆与中原农耕民
族的形制基本相同。而那些装饰
精美的车舆，只能是贵族阶层的
坐下之物。

铜辕头饰

战国（公元前475～前221年）

鄂尔多斯地区出土

长10～11.5、宽2.2～4.2、高8.1～11.9厘米

长方形辕头饰，中空，上部圆雕立鹿。

铜辕头饰

战国（公元前475～前221年）

准格尔旗玉隆太出土

长20.5、銎径5.8、高11厘米

圆雕盘角羊头造型，銎部有固定用的钉孔。应为
车辕头的饰物。

铜车构件

战国（公元前475～前221年）

鄂尔多斯地区出土

宽4、高13.5厘米

长方形体，中空，中部有两个管形孔。正面饰相
对的两个熊首、虎首，熊双耳立起，虎张口吐
舌。应为车舆围栏上的构件。

铜车构件

战国（公元前475～前221年）

鄂尔多斯地区出土

口径4、底径6.5、高6.5厘米

圆管形，中空。

三　古老的草原青铜艺术

　　特征鲜明、风格独特的鄂尔多斯青铜器，是伴随着早期北方民族社会经济形态的转变、发展而兴起、繁荣起来的，它既是与当时人们的社会生产、生活息息相关、形影不离的必需品，同时也是饱含他们智慧、思想、意识、艺术的物质载体。特定的生产方式和生活习俗，形成了生产、生活必需品特有的类别和形态，特殊的自然生态环境，造就了他们独特的胸襟和情操。因此，早期北方民族在打造这些赖以提高自己生存质量的金属制品的同时，也同时注入了自己的意识形态、艺术灵感和丰富的情怀。粗犷、古朴、奔放的鄂尔多斯青铜器，记载着北方大草原上的和风疾雨，也铭刻着这块土地上的征战厮杀，既透射着弱肉强食的腥风血雨，还洋溢着祥和安宁的温馨愉悦。

博物馆展厅一角

（一）巧夺天工的草原风

　　鄂尔多斯青铜器中的大量动物造型，除鸟（凤）、龙等动物图案是部分借鉴于中原农业文化的因素外，其他动物图案则具有浓郁北方草原民族的特有习俗，这集中展现了草原民族对当时的森林草原景观，对他们赖以生存、朝夕相处的大自然中各种生物浓郁的迷恋情结，另外，这其中的部分动物，可能还与他们原始崇拜的对象——图腾有关。

　　早期北方民族特殊的生活环境和生产

方式，决定了他们日常生活中很大程度上主要依靠个人的能力与智慧，去面对大自然无情的肆虐，虎、狼等凶猛动物的袭击以及邻人的劫掠。在这样的生存环境下，不仅锻炼出他们强壮的体魄、彪悍的性格和独立不羁的品质，而且也造就了比农耕民族对于弱肉强食、优胜劣汰这一大自然法则更为深邃的理解和崇尚。

太阳神岩画及金冠

鄂尔多斯青铜器中有大量关于太阳神的制品，绝大多数是青铜，但同时还有相当数量的黄金、白银制品，这应该和早期北方民族崇拜大自然，崇拜日、月的习俗有关。《匈奴列传》载："单于朝出营，拜日之始生"，意即在匈奴人的心目中，单于就如同旭日初升的太阳，是草原上令人敬畏仰慕的首领，同时也是人们心目中的金人、金神（太阳神），他的恩泽将会遍及每个草原之子，令自己的部落兴旺强大。在中国北方地区岩画中发现的大量太阳神图案，也应该是这个寓意的具体表现，可见整个北方民族都有这样一个相同的意念。

虎豕咬斗纹金饰牌

春秋战国（公元前770～前221年）

准格尔旗西沟畔墓地出土

长13、宽10厘米，重330克

长方形。主体图案为浅浮雕的猛虎与野猪缠绕咬斗的场面，猛虎在下，腹部着地，前肢极力撑起上躯，昂头张口狠狠咬住野猪的后大腿根，后肢翻转朝天蹬踏野猪，虎尾下垂经裆部由后向前弯卷至背部；野猪在上，虽处于劣势，但仍死死咬着猛虎的一条后肢，奋力反抗，双方厮杀得难解难分。饰牌周边装饰绳索纹图案，背面有纽，并有粗麻布印痕。该饰牌造型生动，不仅神态栩栩如生，而且所塑造的后肢翻转的浪漫主义风格，堪称草原文化艺术的精华之作。所谓后肢反转的造型，实际上取材于动物搏斗翻滚时的精彩瞬间造型，同样是现实生活场景的高度再现，因此这种看起来似乎不合常规的姿态，恰恰是艺术表现境界更为生动、凝练的升华。另外，该饰牌背面边缘处有刻划文字"一斤五两四朱少半"，这为研究战国时期的度量衡制度、书法、金属铸造技术以及北方草原民族与中原农耕民族的文化交往等提供信息，弥足珍贵。

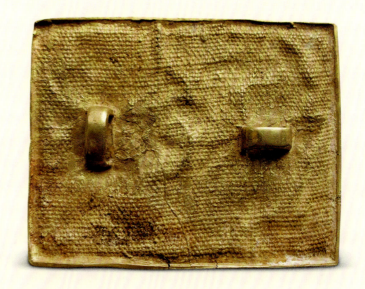

人虎驼纹鎏金铜饰牌

战国（公元前475～前221年）

鄂尔多斯地区出土

长12.5、宽5.5厘米

浮雕，图案由虎、驼、人三部分组成。右侧为一
立虎，伫立，圆目突睛，张口翻唇。虎的左侧是
人骑骆驼的形象，驼引颈张口，咬噬虎的背脊。

童拥骆驼纹鎏金铜饰牌

战国（公元前475～前221年）

鄂尔多斯地区出土

长8.6、宽5厘米

浮雕，双峰驼屈肢而卧，昂首嘴
微张。驼背双峰间侧坐一孩童，
小孩双腿叠交，双手拥着驼峰，
喜目笑口。

神兽噬鹿纹鎏金铜饰牌

战国（公元前475～前221年）

鄂尔多斯地区出土

长7.2、宽3.9厘米

透雕，怪兽呈蹲踞状，张口吞噬一
鹿。鹿首上仰，顶部大角向后延伸。

虎蛇相斗纹鎏金铜饰牌

战国（公元前475～前221年）

鄂尔多斯地区出土

长10.8、宽6.3厘米

侧身站立一虎，尾部搭在背脊上，俯首张口撕咬盘蛇。

抵牛纹鎏金铜饰牌

战国（公元前475～前221年）

鄂尔多斯地区出土

长5.3、宽3.7厘米

长方形框，内框饰绳索纹。透雕伫立长角牛，后肢直立，前肢略匍匐，作抵斗状。

虎噬羊纹鎏金铜饰牌

战国（公元前475～公元9年）

鄂尔多斯地区出土

长11、宽6.5厘米

一副两件，图案相同，方向相背。主体图案为浅浮雕的猛虎撕咬盘角羊场面，猛虎匍匐着地，昂头张口狠狠咬住盘角羊的脊背；盘角羊被虎拖曳，前肢趴于地上，后肢被用力甩出，向上翻转。该饰牌造型生动，堪称草原文化艺术的精华之作。

虎噬双羊纹鎏金铜饰牌

战国（公元前475～公元9年）

鄂尔多斯地区出土

上：长8.9、宽5.2厘米

下：长9.5、宽4.5厘米

长方形，图案为浮雕的远、近两层场景。近景右
侧是一张口翻唇的虎首，圆目炯炯有神；左侧并
列两只盘角羊首，羊吻部前伸，眼神平和，神态
安详。远处众多羊首、鹿首并排分布，由近及远
渐次缩小，恰似苍茫草原下奔跑的羊群。

虎噬鹿纹银饰牌

战国（公元前475～前221年）

伊金霍洛旗石灰沟墓地出土

长10.4、高3.6厘米，重75克

整体造型是一只高浮雕的伫立猛虎，虎威风凛凛，圆耳直立，瞪目张嘴，吻部抵在一只呈匍匐状的鹿头顶部，一只前肢踩踏在鹿的背上。鹿的两前肢向前平伸，在虎的踩踏下，头部与前肢紧紧挤压在一起，面部表现出一种恐惧、无奈的垂死神情，生动再现了大草原上弱肉强食的悲烈气氛。

虎衔羊纹铜饰牌

战国（公元前475～前221年）

鄂尔多斯地区出土

长9.7、宽5.4厘米

饰牌塑造的是一只刚刚经过一番奔波后捕获到猎物的猛虎，虎口衔羊的脖子，把整个羊甩到背上，虽略显疲惫，却一副胜利者洋洋自得的神情。饰牌栩栩如生地再现了草原上猛虎捕食到猎物后的精彩瞬间形态，不仅布局合理，情节生动、传神，而且刻画得细致入微，充满生活气息，充分展现了佩戴者张扬、豪放的个性和独步草原的气概。

虎禽搏斗纹铜饰牌

战国（公元前475～前221年）

鄂尔多斯地区出土

长9.5、宽5.1厘米

主体图案采取浮雕、镂空的表现手法，右侧为伫立的老虎张开大口咬着一只猛禽粗硕的大腿，而左侧振动双翼展翅欲飞的猛禽则曲颈衔住老虎的脖子。在这件饰牌貌似夸张的背后，实际上却隐匿着令人浮想联翩的信息。它有可能再现的是两千多年前的鄂尔多斯草原上，确实存在着能与猛虎较量的雄鹰；也可能暗喻着以虎为图腾的民族和以鸟为图腾的民族为争夺生存空间而展开的殊死角斗；或许还是在告诉后人，这件饰牌的持有者，是由崇拜这两种动物的祖先交融而成……

三神兽嬉戏纹铜饰牌

战国（公元前475～前221年）

鄂尔多斯地区出土

长11、宽6.5厘米

透雕，两只幼兽分别咬着母兽的前后肢，而威严、凶猛的母兽，此时眼中流露出的则是慈祥的舐犊之情。

双牛纹铜饰牌

战国（公元前475～前221年）

鄂尔多斯地区出土

长9、宽5厘米

饰牌画面为透雕的双牛图案，双牛左右对称分布，牛头相对，低头屈颈，双目前视，四肢直立，牛尾上卷于背部，构图巧妙，线条简练，造型生动、自然，犹如一幅剪纸画，生动而富于想象力，反映了制作者丰富的社会阅历、敏锐的观察能力和高超的艺术再现水平。

人身兽头形鸟纹铜饰牌

战国（公元前475～前221年）

鄂托克前旗出土

长9、宽4.8厘米

透雕，长方形，饰牌中部为素面矩形，其左右两侧有站立的兽首人身形象。人身正面立，左侧人手中持剑。两兽首呈左右对视状。左侧兽首竖耳、长鬃发，形似马，右侧长吻似猴。中部矩形上下饰两两相对的鸟，鸟尾相接，鸟喙与立者吻部相接。

三羊纹鎏金铜饰牌

战国（公元前475～前221年）

鄂尔多斯地区出土

长6、宽3.2～3.5厘米

长方形，浮雕图案，边框为两周绳索纹，主体纹饰为并列的三只大盘角羊，羊首上扬，后绕至鼻翼，神态淡定自若。

双卧熊纹鎏金铜饰牌

战国（公元前475～前221年）

鄂尔多斯地区出土

长9.7、宽4.6厘米

长方形，采用镂空和浮雕的双重技法表现，主体纹饰是两只匍匐侧卧的熊，左侧熊立耳垂首，右侧熊回首望向后方。图案上方为成排的鸟首造型。熊是森林草原动物，熊的形象出现在鄂尔多斯青铜器上，对于我们了解当时的生态环境等，具有十分重要的意义。

神兽噬马纹鎏金铜饰牌

战国（公元前475～前221年）

征集

长10.3、宽7.2厘米

长方形，边框四周饰绳索纹，主体纹饰为浮雕的两只上下相对的卧马，两马吻部相抵，鬃毛竖起。另有两只长耳吻部上卷的神兽分别噬咬着马的背部。

双禽交颈纹铜饰牌

西汉（公元前202～公元9年）

鄂尔多斯地区出土

长9.8、宽4.9厘米

长方形边框，框内透雕双禽交颈图案。宁静的湖面上，两只天鹅交颈相偎，尽情享受着太阳的温暖，品味着对方的绵绵爱意。这充满温馨、浪漫情调的传神之作，使人们忘记了大草原上弱肉强食的腥风血雨和北方戈壁的风雪严寒，抒发着人们热爱生活的强烈情怀。

骆驼纹铜饰牌

西汉（公元前202～公元9年）

鄂尔多斯地区出土

长11、宽7厘米

"P"形饰牌，透雕。整体为一蹲踞状的骆驼，昂首，曲颈，双驼峰挺立。周缘装饰枝叶纹等。

双马咬斗纹铜饰牌

战国晚期—西汉初期（公元前100～公元100年）

鄂尔多斯地区出土

长12.5、宽6.8厘米

长方形，透雕。精彩地再现了两匹马相互撕咬时的造型，不仅布局合理、比例适中，而且动感十足，两匹咬斗正酣的烈马，仿佛一蹴即可从饰牌中跃出，奔向辽阔的大草原。

双虎交媾形铜饰件

战国（公元前475～前221年）

鄂尔多斯地区出土

长3.2、高2.7厘米

透雕，做双虎交媾造型。

羊哺乳形铜饰件

西汉前期（公元前150年）

鄂尔多斯地区出土

长3.4、高3.9厘米

透雕，作盘角羊伫立状，昂首，尾部耸起，一只小羊前肢蹲踞，仰首肆意地吮吸着乳汁。

双虎交媾形、羊哺乳形铜饰件

这些双虎、双鹿交媾和母羊哺乳小羊造型的青铜饰件，造型优美、栩栩如生，它们既是草原自然景观的真实再现，更是游牧民族生殖崇拜、祖先崇拜、企盼牲畜兴旺以及反哺情结的深深寄托。

双虎咬斗纹银饰件

战国（公元前475～前221年）

伊金霍洛旗石灰沟出土

长8.9、宽3.5厘米，重27克

饰件采用高浮雕与圆雕的表现手法，塑造了两只呈匍匐状面对面相拥在一起的幼虎，两虎头左右偎依，张大口噬咬着对方的肩部，前肢相互搂抱，后肢略侧卧前伸，后爪则在撩拨着对方的前爪，尾巴悠闲的卷曲上扬。两只虎的背部各有一椭圆形孔，当初可能曾镶嵌有其他饰物。该饰牌凝固了两只幼虎相互撕咬嬉戏时的精彩瞬间，造型生动，虎身线条流畅，刚柔并济，再现了中国早期北方草原民族高超的艺术水平和金属铸造工艺。

叠鸟纹铜饰件

战国（公元前475～前221年）

鄂尔多斯地区出土

长1.4、高4.5厘米

上部的鸟（水禽）均呈卧姿，下部仅采取连续折线或连续扁菱形图案等简单的处理手法，则把水禽静浮水面时形成的倒影映像，活灵活现地表现出来。

四鸟纹金扣饰

战国（公元前475～前221年）

杭锦旗阿鲁柴登墓地出土

边长2.7厘米，重5.2克

鄂尔多斯青铜器有大量以图案形式出现的动物纹，它们是在写实的基础上，进行了高度的提炼和夸张后形成的。如这件鸟形图案的扣饰，仅以最具特征的鸟头为素材，极具夸张的鸟喙为中心，虽是简单的线条，却让人一目了然，而且极富感染力。

卧马纹金饰件

战国（公元前475～前221年）

鄂尔多斯西沟畔墓地出土

长7.8、宽6厘米，重8.3克

平面呈长方形，周边捶揲出单线条边框，框内上下捶揲出两排互为倒置的卧马图案，马头略低，双耳直立，梳理整齐的短鬃毛，腰略弓，垂尾，前肢内屈，马蹄掌与腹部相贴，后肢呈蹲卧状，一前一后首尾相随。饰件中的卧马线条简洁流畅，形象生动传神。

卧鹿纹金饰件

战国（公元前475～前221年）

鄂尔多斯西沟畔墓地出土

长11、宽7.6厘米，重14.8克

平面呈竖长方形，用薄金片制成。四周有单线条边框，框内是捶揲而成的两只上下背靠背对置的卧鹿。卧鹿眼睛圆睁，耳朵直立，聚精会神凝视前方，头上的枝状大角向后蔓延直至尾端，前肢屈回，蹄掌面向上，后肢呈蹲卧状，臀部略抬起，似一蹴即就的姿势。该饰件图案造型优美，线条流畅，不仅生动传神，而且静中有动，且动感十足，以高超的手法表现了鹿胆小、警觉、敏捷的个性。

老虎造型的鄂尔多斯青铜器

鄂尔多斯青铜器中形态各异的老虎造型，除了再现游牧民族崇尚勇敢和以能征善战为荣的豪爽性格外，应该还寓意有其他的含义。《史记·天官书》载："昂，胡星耶"。这里称谓的"胡"，即中原人们概念中的以狄—匈奴民族为代表的北方草原民族，如此可见，狄—匈奴民族应该是以天象中的昂星团为自己的族星。又据《说文》解释："昂，白虎之中星"，也就是人们常说的白虎星。因此，北方游牧民族是在以猛虎来寄寓自己的族星——昂星，也是鄂尔多斯青铜器中大量出现老虎造型的另一个重要原因。

虎牛咬斗纹金饰牌

战国晚期（公元前475～前221年）

杭锦旗阿鲁柴登墓地出土

长12.6、宽7.4厘米，重220.6克

长方形，中央浮雕一只呈匍匐状的牛，四肢平伸，上下两侧各有两只头头相向的猛虎，分别死死噬咬着牛的颈部和腰部，牛虽然完全受制于猛虎，但仍在拼死抗争，尖利的犄角分别穿透了两侧猛虎的耳朵。饰牌直观上反映的是大草原上司空见惯的猛虎捕杀野牛的生动情景，但透过这个逼真画面的背后，可能还寄予着更加深远的含义。饰牌中的虎，应取意于天上的昂星团，牛则取意于黄道十二宫的金牛宫，由于昂星团位于金牛宫中，因此，虎群（四虎）噬牛所要展现的，就应当是匈奴单于称雄草原、独步天庭的宏伟欲望。

嵌宝石虎鸟纹金饰牌

战国（公元前475～前221年）

杭锦旗阿鲁柴登墓地出土

长4.5～4.7、宽3.1～3.3厘米

一套12件。主体图案为一只作匍匐状的猛
虎，由虎头至虎尾装饰鹿角状的火焰纹，饰
牌的两端和上边环绕八只鸟的图案，鸟已经
简化为只突出头的形态，虎的身上镶嵌七颗
红绿宝石。

这件饰牌造型美观，富丽堂皇，虎代表天空
中的昴星团，由于昴星团由七颗星组成，因
此虎身上镶嵌七颗红绿宝石。星辰是发光
体，故在虎上方以鹿角状的火焰纹来表示。
饰牌周围环绕八只鸟，而同样的饰牌以12件
为一组伴出，则可能意寓着狄—匈奴民族以
自己的族星——昴星团周而复始的运行来确
定每年四时八节十二月的生产与生活。

虎形铜饰牌

战国（公元前475～前221年）

鄂尔多斯地区出土

长8.6、宽4.2厘米

长方形，边框饰绳索纹，内透雕猛虎侧立造型。虎昂首，圆目大睁，张口，曲颈，拱背，前肢匍匐着地，后肢站立，尾巴上卷。整体作蓄势待发状。画面传神地再现了猛虎猎食时凝视猎物、警觉匍匐前行的专注形象。

虎咬鹿纹铜饰牌

战国（公元前475～前221年）

鄂尔多斯地区出土

长10.5、宽6.2厘米

"P"形饰牌，透雕。左侧伫立的猛虎呈蹲踞状，右前爪按压鹿背，张口吞噬鹿首。鹿已毫无抵挡之力，任凭猛虎撕咬，形象再现了草原上弱肉强食的场景。

虎咬鹿纹铜饰牌

战国（公元前475～前221年）

鄂尔多斯地区出土

长10.5、宽5.5厘米

透雕，侧身立虎，尾部自然下垂，微抬首，口中衔鹿。

虎咬鹿纹铜饰牌

战国（公元前475～前221年）

鄂尔多斯地区出土

长8.9、宽4.8厘米

透雕，作伫立虎噬咬鹿的造型，虎尾自然下垂，尾端卷曲。虎首微额，咬住鹿的尾部，鹿被倒立提起，鹿首回转。

虎噬鹿纹铜饰牌

战国（公元前475～前221年）

鄂尔多斯地区出土

长10.5、宽5.2厘米

长方形，透雕猛虎噬咬鹿的造型，两动物均作侧面观，鹿伫立，头扭转，两只大角分别向左右展开，作哀鸣状。虎略称蹲踞状，张口噬咬着鹿的颈部。周缘填充草叶纹等。

（二）独具特色的制作工艺

青铜器的铸造工艺，代表着当时社会生产力和艺术的发展水平。鄂尔多斯青铜器铸造工艺十分高超，绝大多数的青铜器，都采用双范合铸的做法，形制规整、合范严谨，纹路清晰，工艺娴熟。通过部分饰牌背面保留的麻布印痕可知，这些器物及一些圆雕的动物饰件，则是采用了代表当时冶金铸造业最高发展水平的失蜡法铸造技术制作而成的。另外，通过对鄂尔多斯青铜器中表面层富锡现象的观察和研究，可知早在春秋晚期，北方畜牧民族就熟练地掌握了青铜镀锡工艺，并运用在鄂尔多斯青铜器的生产、制作中。应用该技术处理过的青铜制品不仅光亮洁白，具有银制品的效果，而且光洁度耐久，不易生锈。目前发现的许多经镀锡工艺处理过的鄂尔多斯青铜器，虽历经两千余年土埋水蚀，出土后轻轻拭擦仍洁亮如初。早期北方畜牧民族除掌握了高超的金属冶炼、铸造及表面处理技术外，对金银器的捶揲、模压、抽丝、焊接、镶嵌等复杂技术也同样运用自如，精美绝伦的匈奴金冠等，便是其中的经典之作。

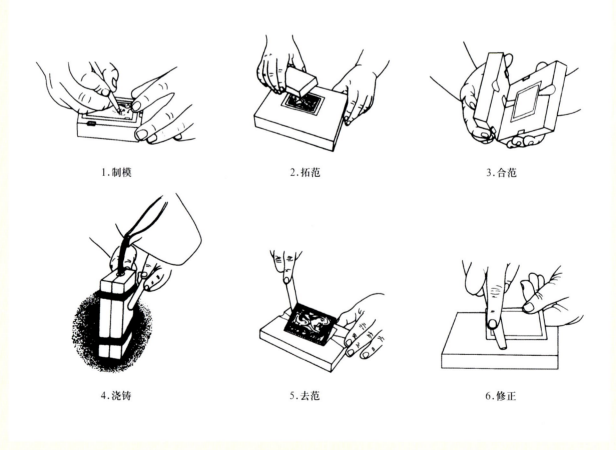

1.制模　　　　　2.拓范　　　　　3.合范

4.浇铸　　　　　5.去范　　　　　6.修正

模具铸造工艺流程推测图

骆驼纹陶印模

虎豕咬斗纹金饰牌背面的失蜡法印模铸痕

鄂尔多斯岩画

岩画是古代绘画遗存的一种形式，大多是原始社会至封建社会早期阶段的古人类刻划在岩壁上，反映意识、信仰和社会生产、生活以及当时生存景观等的印迹。鄂尔多斯境内的岩画，主要分布于桌子山、千里山等地区，著名的岩画分布点有位于鄂托克旗阿尔巴斯苏木的苦菜沟、摩尔沟、乌兰布拉格以及现属于乌海市所辖的召烧沟等。所见岩画多为采用磨刻和凿刻方式形成的阴线条画面，笔法简洁，造型粗犷，构图朴实。内容有人面像（太阳神）、星云、动物、牧人、骑者、狩猎、舞蹈、生殖崇拜以及各类图案化、抽象化的图像、符号等，具有浓郁的北方游牧民族文化特征。或以单体画面的形式出现，或群体集中分布。是研究鄂尔多斯地区古代历史、文化及自然环境变迁等珍贵的形象化史料。

第四章　众星会聚

当早期北方民族在鄂尔多斯大地上纵马驰骋的时候，自公元前4世纪始，晋、魏、赵、秦等中原诸雄相继涉足，与北方草原民族在这里展开了对峙。秦始皇统一中国后，为巩固北方的统治，从内地迁来大批移民，垦田耕植，广筑县城。汉承秦制，继往开来。伴随中原封建王朝对鄂尔多斯地区的不断开发，这里不仅一次次掀起了民族汇集的浪潮，也使社会发生了飞速发展。

魏晋南北朝时期，北方少数民族的不断南迁，使这里的民族融合达到空前的境地。隋唐时期，这里既是隋唐王朝的北疆重地，也是与突厥等北方游牧民族联系的纽带和桥梁。唐代后期，党项人逐步迁徙到鄂尔多斯南部，并于北宋初期建立了西夏国，雄踞北方，与辽、宋对峙，成为中国北方少数民族中的一朵艳丽奇葩。

一　中原猎足群雄角逐

《诗·小雅·出车》："天子命我，城彼朔方，赫赫南仲，猃狁于襄。"这是《诗经》中记述的发生在西周时期的战事。朔方，有学者认为泛指北方，也有学者认为就确指鄂尔多斯地区，而猃狁则无疑是当时活动在鄂尔多斯地区的北方民族。鄂尔多斯地区出土的瘪裆罐形陶鬲、铁矛、铁戈等这些具有浓郁周文化特征的器物，便是这些史实的最直接的见证。

公元前7世纪前半叶，"晋文公攘戎狄于圁、洛之间"，春秋五霸晋国的战车出现在鄂尔多斯东南部的丘陵间。公元前4世纪，战国七雄赵国先把长城扩展到鄂尔多斯东北部的沿河地带，继而，"（赵武灵王）西略胡地至榆中"，进一步深入鄂尔多斯的腹地；秦昭襄王紧随其后控地北至上郡，把鄂尔多斯东南部纳入秦的疆域，强大的秦、赵帝国与新兴的北方草原民族在鄂尔多斯展开了强力角逐。

乌仁都西山地

瘪裆罐形陶鬲

西周（公元前1046～前771年）

鄂托克旗木肯淖古城出土

口径21.7、高32.7厘米

夹砂灰陶。侈口，罐形腹，下接三
袋足，瘪裆。通体饰绳纹。该器具
有浓厚的周文化特征。

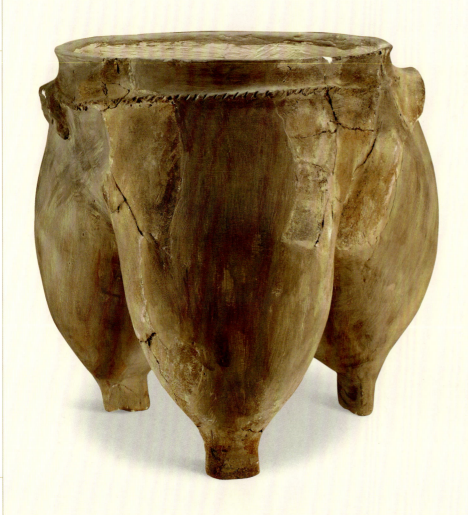

铲足陶鬲

战国（公元前475～前221年）

准格尔旗出土

口径29.5、高33厘米

砂质灰陶。侈口，下接三乳状大袋
足，扁平铲状足跟，口部外侧设对
称双錾。颈部饰一周泥条附加绳索
纹。铲足陶鬲是春秋战国时期最具
北方游牧民族文化特征的炊具。

铁矛

春秋末战国初（约公元前500～前400年）

准格尔旗窑沟乡出土

长39.5、宽4.6厘米

矛头略呈柳叶形，直柄，有銎。

铁戈

春秋末战国初（约公元前500～前400年）

准格尔旗杨市塔乡出土

长20.5、宽12.2厘米

铜鼎

战国（公元前475～前221年）

鄂尔多斯地区出土

口径25.6、通高19.7厘米

子母口，扁圆腹，圜底，附耳，马蹄
形足。盖上有三个圆环形纽，盖及器
身饰蟠虺纹。

铜豆

战国（公元前475～前221年）

征集

口径17.1、高15厘米

子母口，圆腹，圜底，高圈足。器身两侧有圆环形錾耳。

铜镈

战国（公元前475～前221年）

征集

口长径18.6～22.5、通高27.3～32厘米

平面略呈矩形，横截面呈椭圆形，体腔两侧各有十八枚圆凸状枚。钲部无纹饰，篆间饰云雷纹，鼓部饰蟠虺纹，舞部有透雕蟠龙形纽。

铜瓶

战国（公元前475～前221年）

征集

口径2.8、高16.5厘米

直口，长颈，圆鼓腹，圈底。腹
部饰大角鹿纹饰。

铜罍

战国（公元前475～前221年）

征集

口径22、底径11.3、高24厘米

敛口，广肩，下腹斜收，平底。肩部两侧有动
物形双耳。口沿外侧饰涡纹，肩部饰蟠虺纹。

铜鼎

战国（公元前475～前221年）

征集

口径13.9、通高16.1厘米

子母口，盖缺失，圆腹，圜
底，马蹄形足，附耳。腹部饰
一周弦纹。

铜镂

战国（公元前475～前221年）

征集

口长径21.6～22.5、通高22.5厘米

敛口，圆腹，横截面略呈椭圆形，圜底，下接高圈
足，立耳，耳上有小乳突。腹部饰一周弦纹。

石磬

春秋—战国（公元前770～前221年）

征集

长31.7～59.4、宽10.6～14.4、厚2.1～2.5厘米

平面略呈曲尺形。

纳林塔战国秦长城

据文献记载，秦昭王时，秦有陇西、北地、上郡，筑长城以拒胡。该长城由甘肃省岷县始，经陕西靖边，再北折东行，经榆林市东北，从神木县大柳塔的牸牛川西岸进入伊金霍洛旗境内，再向北进入准格尔旗，东抵准格尔旗十二连城，全长约1150千米。该段长城，史学界也称为"秦昭襄王长城"，以别于其他地段的秦长城。该段长城大多为自然石片垒筑而成，保存最好的地段宽3米余，残高约2米。

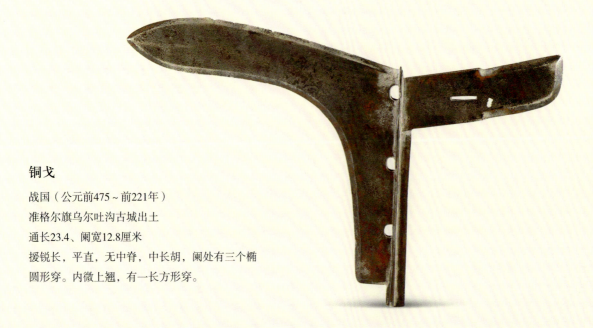

铜戈

战国（公元前475～前221年）
准格尔旗乌尔吐沟古城出土
通长23.4、阑宽12.8厘米
援锐长，平直，无中脊，中长胡，阑处有三个椭圆形穿。内微上翘，有一长方形穿。

"上郡守寿"铜戈

战国（公元前475～前221年）

伊金霍洛旗红庆河乡出土

通长22.5、阑宽11.1厘米

援锐长，平直，无中脊，中长胡，有三个长方形穿。内微上翘，无穿。在内的两侧均刻有铭款，一侧刻铭清晰，为"十五年上郡守寿之造，漆垣工师乘、丞鬶、治工隶臣猗"，另一侧刻铭多数模糊不清，可识别的仅有"中阳"、"西都"等。据刻铭可知，这件青铜戈是在秦上郡由名"寿"的监制官监制下完成的，而该戈锐长援、中长胡三穿的形制特征，约相当于秦惠文王至秦昭王期间的战国中晚期，因此，这名监制官应该是《史记·秦本纪》中记载的"（秦昭王）十三年伐韩取武始"的大将向寿。秦上郡是在征伐义渠戎后所设，郡治在今陕西榆林城东南，如今的鄂尔多斯东南部当时均属上郡所辖。"上郡守寿戈"不仅是目前鄂尔多斯地区发现的刻铭最多的战国兵器，而且刻铭中的年号、监制官、主造工师、操作工匠、管理小吏、地名等等，可补多处史料记载之不足，对于研究鄂尔多斯地区战国历史具有十分重要的价值。

二　秦汉纷争民族融和

　　秦始皇统一中原后，挟横扫六国的军威，派蒙恬"将兵三十万北击胡，略取河南地"，北方草原民族被迫北迁。为巩固北方的统治，秦始皇不仅从内地迁来大批移民，垦田耕植，广筑县城，还修直道"自九原直抵云阳，堑山堙谷直通之"……伴随秦、汉王朝对鄂尔多斯地区的不断开发，这里不仅一次次掀起了民族汇集的浪潮，同时也加速了社会的飞速发展，给鄂尔多斯带来了欣欣向荣的新景象。

秦直道远景

（一）大秦岁月

秦统一中原后，为加固北方统治，从内地迁来大批移民，垦田耕植，修建直道，加速了鄂尔多斯地区经济的飞速发展。

秦直道近景

公元前212年，蒙恬率领数十万民夫历时两年半修建的秦直道这项庞大工程，不仅为巩固当时的封建统治、沟通中原与北方的交往、贸易、中西文化交流等发挥了巨大的作用，而且也记录下了无数惊天地、泣鬼神的史实。

秦直道是中国历史上第一条"高速公路"，也是世界古代"高速公路"之首，是沟通中原地区与北方边陲的重要通道，对于研究我国古代交通史、道路建筑史及秦、汉时期北方地区的历史，特别是与匈奴的战争史、交通和民族关系史等，具有非常重要的价值，另外，也是研究直道沿途地区秦代以来地理变化、地貌变迁、水土流失的重要资料。

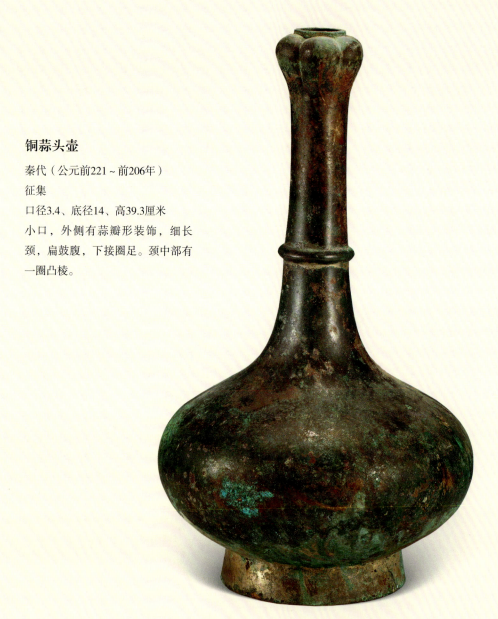

铜蒜头壶

秦代（公元前221～前206年）

征集

口径3.4、底径14、高39.3厘米

小口，外侧有蒜瓣形装饰，细长颈，扁鼓腹，下接圈足。颈中部有一圈凸棱。

铜鍪

秦代（公元前221～前206年）

征集

口径12.8、高15.9厘米

侈口，束颈，鼓腹，圜底。肩部一侧有圆环形鍪耳。

陶罐

秦代（公元前221～前206年）

征集

口径11.2～12.5、高12.8～15.9厘米

泥质灰陶。侈口，束颈，鼓腹，圜底。

有的腹侧设环耳。通体饰绳纹。

瓦当

秦代（公元前221～前206年）

准格尔旗勿尔图沟出土

直径12.1～17.8厘米

左：圆形，当面中央为乳丁纹及圆圈纹，

外围饰四组简化的对称云纹及乳丁纹。

右：圆形，当面中央有网格状纹，外围饰

四组对称的简化云纹。

（二）中原一统两汉风云

西汉王朝除了以郡县制管辖北方的汉人外，还于公元前121年（西汉汉武帝元狩二年）设立了五个属国都尉，用以安置、管辖归汉的匈奴浑邪王四万余众，史称"五属国"，其中的上郡龟兹属国都尉（治龟兹县，位于今乌审旗与榆林交界处）、朔方属国都尉（治西河郡美稷县，今准格尔旗纳林古城）、云中属国都尉（治五原郡蒲泽县，今杭锦旗境内）均位于历史上的鄂尔多斯境内。

敖包梁汉代墓地

釉陶鼎

西汉（公元前202～公元9年）

杭锦旗乌兰陶勒亥汉墓出土

口径13、通高15厘米

通体施黄釉。敛口，附耳，球形腹，圜底，三足较高。

乌兰陶勒亥汉代墓地

位于杭锦旗阿日斯楞图苏木乌兰陶勒亥。1987年为配合基本建设发掘14座墓葬。均为竖穴土坑木椁墓和带长斜坡墓道的土洞墓。多有棺，有的并有椁。出土的随葬品有漆器、纺织品，泥质灰陶灶、伫立男俑、盆、罐，黄釉陶熏炉、仓、井、鼎，铜灯、豆等冥器、生活用具和铜五铢钱等。其中的丝织品是本地区首次发现，出土的伫立男俑也极为稀有，对于研究当时的丧葬制度、习俗以及汉代纺织技术、服饰、冠饰等，尤显珍贵。

釉陶壶

西汉（公元前202～公元9年）

杭锦旗乌兰陶勒亥汉墓出土

口径14.2、底径14.7、高25.5厘米

通体施黄釉。盘口，长颈，圆鼓腹，圈足。腹两侧有兽首衔环耳。

釉陶熏炉

西汉（公元前202～公元9年）

杭锦旗乌兰陶勒亥汉墓出土

口径8.5、底径19.4、通高18厘米

通体施黄釉。熏香用具，整体呈高柄博山炉状，底部与圆盘相连，盖镂空。

釉陶仓

西汉（公元前202～公元9年）

杭锦旗乌兰陶勒亥汉墓出土

盖边长20、底边长12、通高18.5厘米

通体施黄釉。庑殿顶，方形仓体，仓体正面开一方形小窗。

釉陶罐

西汉（公元前202～公元9年）

杭锦旗乌兰陶勒亥汉墓出土

口径7.8、底径8.7、高12厘米

通体施黄釉。敛口，鼓腹，平底。肩部饰数道弦纹。

釉陶灶

西汉（公元前202～公元9年）

杭锦旗乌兰陶勒亥汉墓出土

长18.9、宽18.5、通高12厘米

灶体及釜等通体施黄釉。灶台平面略称半圆形，有两小一大三个灶口，其上分别放置敛口圜底釜，靠弧端竖有龙首烟囱。平端侧面有长方形灶门。灶面上堆塑有炊具等。

釉陶魁

西汉（公元前202～公元9年）

杭锦旗乌兰陶勒亥汉墓出土

口径10.9、高4.5厘米

通体施黄釉。直口微敞，平底。腹部一侧
有龙首形柄。

釉陶壶

西汉（公元前202～公元9年）

杭锦旗乌兰陶勒亥汉墓出土

口径3.9、高6.5厘米

通体施黄釉。敛口，扁圆鼓腹，圜底，下
有三尖足。腹部一侧有方形流，一侧有鋬
手（已残）。

釉陶方炉

西汉（公元前202～公元9年）

杭锦旗乌兰陶勒亥汉墓出土

长14.3、宽7.4、高4厘米

通体施黄釉。长方体槽形，底下有四小足。

釉陶盘

西汉（公元前202～公元9年）

杭锦旗乌兰陶勒亥汉墓出土

口径17、高3厘米

通体施黄釉。敞口，浅腹，平底。

彩绘陶俑

西汉（公元前202～公元9年）

杭锦旗乌兰陶勒亥汉墓出土

高12.2～13.3厘米

泥质灰陶，施白陶衣，绘黑彩。伫立
男俑，双手合握于胸前，作拱手侍立
状，头顶盘髻，身着连地长袍。

陶执箕俑

西汉（公元前202～公元9年）

杭锦旗乌兰陶勒亥汉墓出土

高18.8厘米

女性，作蹲踞状，着帽，头微
倾，双手执箕。

彩绘陶壶

西汉晚期—东汉初期（公元前100～公元50年）

鄂托克旗凤凰山汉墓出土

口径8.2、高19.5厘米

泥质灰陶，施白陶衣，绘红、黑彩。直口，高领，鼓腹，平底。

彩绘陶井、水斗

西汉晚期—东汉初期（公元前100～公元100年）

鄂托克旗凤凰山汉墓出土

井：口径14.2、底径11.1、高10.2厘米

斗：口径2.4、底径1.1、高5.6厘米

泥质灰陶，施白陶衣，绘红、黑彩。陶井直口微敞，平出沿，直筒腹，平底。水斗为敛口，鼓腹，平底。

彩绘陶罐

西汉晚期—东汉初期（公元前100～公元100年）

鄂托克旗凤凰山汉墓出土

口径7.6、底径7.9、高11.1厘米

泥质灰陶，施白陶衣，绘红、黑彩。敛口，扁鼓腹，平底。

彩绘陶鸡

西汉晚期—东汉初期（公元前100～公元100年）

鄂托克旗凤凰山汉墓出土

长6.5、高7.5厘米

泥质灰陶，施白陶衣，绘红、黑彩。呈卧姿，抬首，翘尾。

彩绘陶灶

西汉晚期—东汉初期（公元前100～公元100年）

鄂托克旗凤凰山汉墓出土

长18.9、宽18.5、高12厘米

泥质灰陶，施白色陶衣，绘红彩。灶面略称半圆形，中心有三具灶口，上置釜，四周堆塑各种炊具。靠弧端有圆形烟囱眼，靠平端侧面有灶门。

陶马

西汉（公元前202～公元9年）

伊金霍洛旗车家渠出土

长52.4、高50厘米

泥质灰陶。四肢直立，引颈昂首。

彩绘陶胡俑

西汉晚期—东汉初期（公元前100～公元100年）
鄂托克旗三段地汉墓出土
高17.5厘米

泥质灰陶，施白陶衣，绘黑彩。伫立男俑，身披
斗篷，带尖顶帽，双手合并于胸前。眉目下垂，
高鼻。这是鄂尔多斯最早的"胡人"形象。

陶熏炉

西汉（公元前202～公元9年）
鄂尔多斯地区出土
口径10、底径7.1、通高14.2厘米

泥质白陶。由上下两部分对置扣合而成。熏炉顶
部有圆形凸纽，支座有圈足。器身刻镂三角形条
带纹，熏炉顶在三角形内有圆形镂孔。

陶瓮

西汉（公元前202～公元9年）

准格尔旗出土

口径8.9、底径20.3、高61.6厘米

泥质灰陶。侈口，圆肩，弧鼓腹，平底。

肩部饰一道绹纹。

陶屋

西汉（公元前202～公元9年）

达拉特旗城圪梁汉墓出土

底长37.3、底宽36.5、通高25.3厘米

泥质灰陶，绘红彩。庑殿顶，四面有回廊，正面开门。

铭文砖

西汉（公元前202～公元9年）

鄂尔多斯地区出土

长32.3、宽31.6、厚4.7厘米

正方形，边框饰菱纹，四角饰乳丁纹。中心书"宜子孙富贵长乐未央"九字阳文。

铭文砖

西汉（公元前202～公元9年）

准格尔旗十二连古城出土

边长31.1、厚5.3厘米

方形，篆书"长乐未央"四字阳文。

铜鼎

西汉（公元前202～公元9年）

征集

口径19.5、通高26厘米

子母口，带盖，扁圆腹，附耳，马蹄形足

瘦长。盖顶饰三个夔龙形纽，腹部有一周

凸棱。

铜釜、甑

西汉（公元前202～公元9年）

征集

通高36.2厘米

甑：直口微敛，沿外侈，弧鼓腹，平底，圈足，底部有箅格。腹部设两个对称的环形器耳。

釜：侈口，高领，扁圆腹，圜底。肩部设两个对称的环形器耳。

铜壶

西汉（公元前202～公元9年）

征集

口径10.1、底径13.2、高28厘米

侈口，长颈，圆鼓腹，圈足。腹侧有两个对称的兽首衔环铺首，肩部饰一周凸棱。

铜扁壶

西汉（公元前202～公元9年）

征集

口径4、底径18.5、高35厘米

小口，壶口似鱼吻，细长颈，扁鼓腹，
圈足底外撇。肩部两侧有兽首衔环铺
首，口部饰两周弦纹。

"中阳"铜漏（复制品）

西汉（公元前27年）

杭锦旗阿门其日格出土

直径18.7、通高47.9厘米，重8.25千克

铸造。壶身作圆筒形，壶盖上方有双层
横梁，壶盖与两层横梁的中央上下有对
应的三个长方孔，用以安插沉箭。近壶
身底处，斜出一圆管状流，用以泄水。
壶身底部有蹄形三足。壶内底上铸有阳
文"千章"两字，壶身外面流的上方，
竖行阴刻"千章铜漏一，重卅二斤，河
平二年四月造"铭文一行十六字，在二
层横梁加刻"中阳铜漏"四字。

该铜漏是西汉成帝河平二年（公元前27
年）四月在千章县铸造的。千章和中阳
在西汉皆属西河郡（地在今黄河晋陕峡
谷两岸）。中阳铜漏是迄今为止我国发
现的保存最完整，且具有明确制造年代
的泄水沉箭式漏壶，稀世罕见，弥足珍
贵，现藏中国国家博物馆。

铜灶

西汉（公元前202～公元9年）

东胜区漫赖古城出土

长40.4、宽23.8、通高21.3厘米

灶台平面略呈弧边直底三角形，靠顶端为烟囱及一大灶眼，上置釜、甑，靠平端两两相对设四个小灶眼，上置釜。灶台平端侧面开灶门，下部设四个马蹄形足。

铜熏炉

西汉（公元前202～公元9年）

东胜区漫赖古城出土

口径23、通高14.7厘米

熏炉整体作翘首鸭形，伫立于浅腹盆内。鸭背（炉盖）与鸭身（炉身）可开合，并有镂空。

铜钫

西汉（公元前202～公元9年）

东胜区漫赖古城出土

口边长5.9、通高16.4厘米

方侈口，弧鼓腹，圈足。顶中央有
环纽，腹部两侧有兽首衔环。

铜壶

西汉（公元前202～公元9年）

征集

口径7.5、高17厘米

盖面隆起，盖顶有半环状纽，侈口，高领，鼓
腹，圈足。腹部两侧有兽首衔环。通体有红、
白、绿等彩绘云纹图案。

铜灯

西汉（公元前202～公元9年）

准格尔旗康布尔出土

口径10.4、底径8.9、高16.6厘米

灯盘直口，浅腹，平底，盘下有长柱形
柄，柄下端为喇叭形支座。柄部饰两周弦
纹，底座浮雕纹饰。

铜灯

西汉（公元前202～公元9年）

征集

口径12、带柄长21、高7厘米

三足筒形支座，近底部一侧有圆管形
流，一侧有长而曲折的把手。内放置
浅腹灯盘。

铜盖弓帽

西汉（公元前202～公元9年）

准格尔旗出土

直径16.5、高9.9厘米

圆管形，一侧有长钩，顶端有花瓣形帽，装套在车盖弓骨的末端。

铜勺

西汉（公元前202～公元9年）

征集

通长34.2、宽10.6厘米

敞口，浅腹，斜向长柄。

铜镣斗

西汉（公元前202～公元9年）

征集

长34.2、口宽17.4厘米

敞口，浅腹，平底。口部一侧有流，并设有长条形柄，柄部经铆接。

铜弩机

西汉（公元前202～公元9年）

伊金霍洛旗出土

长19.8、宽22.2厘米

弩是古代的远射兵器，青铜弩机是其击发机械装置。此弩机郭、牙、悬刀和望山等俱存，是研究汉代弩及弩机构造的重要实物资料。

铜带钩

西汉（公元前202～公元9年）

征集

长5.1～7.2、宽2.7～7.5厘米

整体作飞翔鸿雁形或兽首形、站立持杖人形，背部有圆形纽。

铜鼎

西汉（公元前202～公元9年）

征集

口径28.4、高16.4厘米

侈口，平折沿，弧腹斜收，平底，设三个立人形足。腹侧有兽首衔环，腹饰数周弦纹。

铜盆

西汉（公元前202～公元9年）

鄂尔多斯地区出土

口径20.3、高9.7厘米

侈口，平卷沿，弧腹斜收，平底。腹部有两个对称的兽首衔环，饰四周弦纹。

铜博山炉

西汉（公元前202～公元9年）

东胜区康卜尔出土

口径10、底径7.6、通高16.6厘米

炉盖为层峦叠嶂的山峰形，炉身口微敛，圆腹，圜底，下有承柱及支座。炉身腹部设两个对称的铺首衔环，饰数周弦纹。

铜卮

西汉（公元前202～公元9年）

征集

口径11.6、高4.9厘米

直口，沿略外翻，弧腹，平底。口沿下一
侧有环形錾耳。

规矩纹铜镜

西汉（公元前202～公元9年）

东胜区漫赖古城出土

直径18.4厘米

外区饰连弧纹，内区饰八乳纹相间规矩纹，其间浮雕各种
连弧形纹饰。内外区间饰连续三角纹。半球形镜纽，柿蒂
纹紧连镜纽，外饰方框及乳丁纹。

铜镜

西汉（公元前202～公元9年）

征集

直径10.2厘米

边缘宽阔，内饰一圈乳丁纹，其间
穿插文字，半球形纽。

金饼

西汉（公元前202～公元9年）

征集

直径6厘米，重246克

铁权

西汉（公元前202～公元9年）

东胜区罕台庙出土

直径3.9~4.7、高2.9~3.2厘米

半球形，平底，顶端有纽。

三　草原枭雄南附西迁

公元48年，匈奴分裂为南、北两部。南匈奴入塞归汉，随后移师美稷（鄂尔多斯准格尔旗纳林古城），在这里置匈奴单于庭，鄂尔多斯成为当时南匈奴的政治、军事中心。北匈奴先继续滞留在漠北，后大部被迫西迁。从此南、北匈奴分道扬镳，走向自己不同的历史归宿。

凤凰山汉墓壁画——宴饮、百戏图

凤凰山汉代壁画墓

位于鄂托克旗巴彦淖尔乡境内的凤凰山，1990年进行了抢救性清理发掘。墓葬为斜坡墓道的洞室墓，直接开凿在砂岩中。墓室平面呈方形，后壁设龛。墓葬虽然早年被盗，但在墓室的四壁及顶部，却保存有完整的壁画。壁画由石青、石绿、土黄、赭石、朱砂等矿物颜料绘制而成，虽经两千余年历史沧桑，仍鲜艳如故。壁画主要反映墓主人生活的出行图、庭院图、宴饮图、百戏图、射弋图、侍卫图、放牧图、兵器图以及星象图、怪兽图等，内容丰富，布局严谨，绘画技法娴熟，造型生动。壁画除反映以农耕经济为主的田园生活场景外，也具有一定的北方畜牧经济的特征。特别是在人物的服饰、冠带等方面，具有浓郁的地方特色。是研究汉代鄂尔多斯地区历史、社会经济、文化、服饰、生活习俗、民族构成等方面十分珍贵的形象化史料。

凤凰山汉墓壁画——射弋图

凤凰山汉墓壁画——放牧、奉侍图

凤凰山汉墓壁画——宴饮、百戏图

米兰壕汉墓壁画——围猎图

米兰壕汉墓壁画——围猎图（局部）

嘎鲁图汉墓壁画——出行、乐舞图

四　群雄角逐铁弗成霸

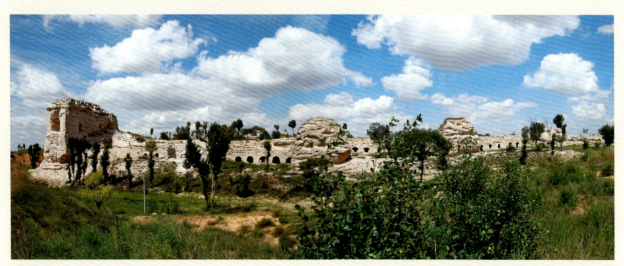

大夏田暅墓志铭

　　东汉后期始，檀石槐鲜卑汗国军事联盟形成，控地阴山南北。魏晋以来，鲜卑轲比能部开始涉足鄂尔多斯，与南下的拓跋部、留守故地的匈奴族人、北上的西晋势力等彼此争夺，互有消长。十六国始，五部匈奴拥立刘渊建立汉政权（后改国号曰赵，史称前赵）后，铁弗部首领刘虎被封为楼烦公，鄂尔多斯成为匈奴铁弗部的战略转移地和大后方，时有进出。至公元407年，羽翼丰满的铁弗首领赫连勃勃叛后秦建大夏国，并于公元413年在鄂尔多斯构建都城，取"一统天下、君临万方"之意名统万城。

大夏国都——统万城

五　北魏牧苑南北要冲

　　公元398年北魏建都平城（大同）后，为防止北方柔然汗国的侵扰，护卫京都平城及强化北部边境地区的统治，在平城以北设立六个军事据点，史称"北魏六镇"。六镇均处在阴山山脉的隘口，构成一条向北的军事防线，"但使龙城飞将在，不教胡马渡阴山"。另外还设置了土城梁古城、石子湾古城、坝子口村古城等城池，为六镇的后方及平城的护卫前沿，构成全方位的防御体系。

　　由于六镇处于战略进攻或战略防御的重要位置，因此这里集结了大量军事力量，而且每镇设置镇都大将，由拓跋王公或鲜卑贵族之中出色的人才担任，戍防的士兵也大多是拓跋联盟各部落的牧民和中原豪强地主的高门子弟，俊杰云集，在中国历史上盛极一时的西魏八大柱国便由此发端，他们开创了一个纵横中国历史近两百年，历西魏、北周、隋、唐四个王朝的关陇军事贵族集团，成为中国历史上的奇迹。北魏历代皇帝都非常重视对六镇的防务，频繁巡视，鲜卑帝国对柔然发动的战事均从六镇发起。

铁甀

北魏（公元386～557年）

乌审旗嘎鲁图白音温都查汗德勒出土

长19.6、宽13.3厘米

平面呈长方形，弧刃，刃端残损。

铁犁铧

北魏（公元386～557年）

乌审旗嘎鲁图白音温都查汗德勒出土

长23、宽20.2厘米

整体略呈等腰三角形，中脊略鼓，后端开"U"形銎。

铁斧

北魏（公元386～557年）

乌审旗嘎鲁图白音温都查汗德勒出土

长14.2、宽7.2厘米

平面略呈长方形，直銎，刃端残损。

铁铲

北魏（公元386～557年）

乌审旗嘎鲁图白音温都查汗德勒出土

长9.2、宽8.9厘米

一端有圆管形銎，銎和刃都有残损。

莲花纹瓦当

北魏（公元386～557年）

准格尔旗石子湾古城出土

直径14.5厘米

圆形，边缘宽平，内饰浮雕八瓣莲

花纹，外层饰一周联珠纹。

鎏金铜活页带饰

北魏（公元386～557年）

鄂尔多斯地区出土

长9.5、宽5.4厘米

由左、右两部分构成，平面均略呈方形，由中部活页相连，一侧端有五枚突出的尖钉装饰，正面透雕动物纹饰。

鎏金铜活页带饰

北魏（公元386～557年）

鄂尔多斯地区出土

长11.5、宽3厘米

由左右两部分构成，平面呈方形和长方形，两端均作圭首，中部由活页相连。透雕勾连纹饰，周边饰乳丁纹。

鎏金铜带扣

北魏（公元386～557年）

鄂尔多斯地区出土

长8.6、宽4.6厘米

平面略呈长方形，一端设扣环、扣舌，透
雕勾连形图案。

鎏金铜活页带饰

北魏（公元386～557年）

鄂尔多斯地区出土

长9.5、宽5.5厘米

由左右两部分勾连组成，左侧灯笼
状，右侧桃形，正面均透雕凤鸟形
图案。

人面纹瓦当

北魏（公元386～557年）

准格尔旗石子湾古城出土

长20.8、宽12.1厘米

泥质灰陶。半圆形，正面浮雕人面，
眉、眼、鼻、须、唇清晰。

"富贵万岁"瓦当

北魏（公元386～557年）

准格尔旗石子湾古城出土

直径15.8厘米

泥质灰陶。圆形，当面周缘为素面宽轮，内书"富
贵万岁"四字阳文，字间及当面中心堆塑乳丁纹。

陶罐

北魏（公元386～557年）

达拉特旗出土

口径8.5、底径6、高13.8厘米

泥质灰陶。盘口折沿，高领，鼓腹，平底。颈部饰一周弦纹。

陶壶

北魏（公元386～557年）

达拉特旗王爱召南壕墓地出土

口径6.2、底径4.4、高12.9厘米

泥质灰陶。侈口，高领，鼓腹，平底。素面。

铜印章

北魏（公元386～557年）

鄂尔多斯地区出土

边长2.5、高3厘米

印面呈方形，龟纽。

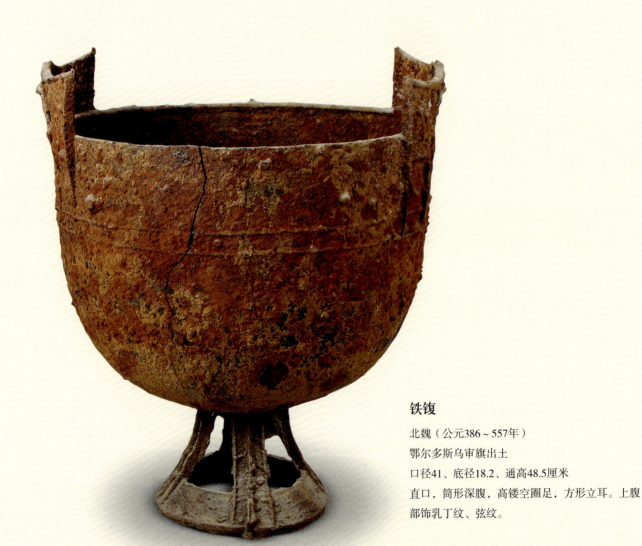

铁鍑

北魏（公元386～557年）

鄂尔多斯乌审旗出土

口径41、底径18.2、通高48.5厘米

直口，筒形深腹，高镂空圈足，方形立耳。上腹部饰乳丁纹、弦纹。

六　北疆边陲隋唐盛世

　　隋唐时期的鄂尔多斯，既是中原王朝的北疆重地，也是东突厥等北方游牧民族的辽阔牧场，隋炀帝巡幸北疆的浩荡洪流，曾在这块大地上旗帜相望、钲鼓相闻；隋末北方诸豪强割据势力反叛的号角，也曾在这里此起彼伏，延绵不绝。这里既穿行过盛唐大军的金戈铁马，六胡州民的驼队羊群，也游曳过对抗唐王朝统治割据势力的蔽野旗旌，但更多的是太平盛世下各民族和睦相处的笑语欢歌。

隋唐胜州故城

　　尽管隋代的长城把鄂尔多斯大部分挡在了隋朝的疆域之外，但隋并没有因此而丝毫放弃对鄂尔多斯的控制。隋文帝开皇三年（公元583年），在汉代沙南县城的故址上兴建榆林城，称"榆林关"，开皇七年（公元587年）改为县治，属云州所辖。隋开皇十九年（公元599年），突厥启民可汗获准率部进入鄂尔多斯，这里即成为东突厥休养生息的庇护地，是隋朝廷监管东突厥的直接掌控之地，也是抗击西突厥侵扰的前沿阵地。开皇二十年（公元600年），割云州之榆林、富昌、金河三县另置胜州，治所在榆林。隋炀帝大业五年（公元609年），将胜州改为榆林郡，辖区不变。

（一）隋朝一统

隋朝统治时间虽短，但给鄂尔多斯地区带来的影响却十分深远。隋朝的统一，结束了鄂尔多斯地区魏晋南北朝三百六十余年群雄逐鹿的混战局面，渐趋安定，民众休养生息，社会经济逐步恢复。伴随突厥民众的入住，中原汉族的北上，鄂尔多斯不仅掀起新一轮民族融合的浪潮，也成为东突厥再次崛起、重执中国北方牛耳的重要摇篮，而伴随隋末地方割据势力的崛起，这里也成为中国政治风云变幻的策源地。

隋炀帝北巡塞外草原

隋大业三年（公元607年）北地平定，隋炀帝北巡塞外草原，彰显威严，在榆林郡（治所为榆林县，即今准格尔旗十二连城古城）设宴招待突厥诸部及契丹、奚等各部酋长3500人，在此逗留五十余天。然后由此东折，"发榆林，历云中……"抵启民可汗牙帐（大约乌盟灰腾梁地区），成为第一位亲临塞北藩属巡视的中原王朝皇帝。次年，又再次北巡。隋炀帝北巡途中，乘坐一种特殊的交通工具——观风行殿（"行城"）。观风行殿就是一座巨大的车，车子的底部有许多大轮子，上面用木板做地面，在上面修建宫殿，炀帝白天就坐在移动的宫殿里观风，可谓神气十足。这车的运行完全都是靠人力来运行。突厥人见到这个庞然大物，都吓得跪倒在地，头都不敢抬，他们以为大隋一定有神灵相助，城市和宫殿才会"走"。隋炀帝这次巡幸，虽然劳民伤财，但他通过和亲公主与突厥可汗建立友好关系，并在今土默川长城下大宴各民族首领，也确是草原上有史以来第一次民族团结友好的盛会，对宣扬隋朝声威，促进民族和睦相处有积极作用。隋炀帝还即席赋诗曰："鹿塞鸿旗驻，龙庭翠辇回。毡帐望风举，穹庐向日开。呼韩顿颡至，屠耆接踵来。索辫擎膻肉，韦鞲献酒杯。如何汉天子，空上单于台。"

隋炀帝巡行北疆的浩荡车仗浮雕

（二）大唐要冲

初唐时期的鄂尔多斯（包括周边地区）是大唐王朝北疆的战略要塞，由于还是东突厥的政治中心，所以也是维系突厥强族的回旋之地。唐太宗贞观四年（公元630年）北伐大胜，东突厥汗国灭亡后，这里则成为安置10万突厥降众的重要牧场，同时也是唐王朝腹地通往北域的战略交通要道。

十二生肖陶俑（马俑、虎俑）

唐代（公元618～907年）

征集

高20厘米

泥质陶，外施白陶衣，原有彩绘，已脱落。作伫立人身，十二生肖动物首。人身为文臣形象，着圆领宽袖落地长袍，双手执笏板拱于胸前，足登尖头靴。

陶侍俑

唐代（公元618～907年）

征集

高41.5厘米

泥质红陶，外施陶衣，原有彩绘。侍者双手拱立于胸前，表情温和，身形丰腴饱满。

陶仕女俑

唐代（公元618～907年）

征集

高51厘米

仁立，垂髻，面颊丰腴，细眉秀目，目视前方，双手合拢于胸前，身穿对襟长裙，长裙及地。

釉陶男俑

唐代（公元618～907年）

准格尔旗十二连古城出土

高28.2厘米

外施绿釉，胎质较坚硬。为一伫立男俑，身披风衣，头戴风帽，高鼻深目，为胡人形象。

彩绘骑马俑

唐代（公元618～907年）

准格尔旗十二连古城出土

高32厘米

泥质红陶，施白陶衣及彩绘。陶马四肢并立，抬首望向前方。骑马者双手执缰，头戴风帽，面容丰腴，凝神直视正前方，仿佛在待命而动。

三彩仕女俑

唐代（公元618~907年）

准格尔旗十二连古城出土

高8厘米

饰红、黄、绿三彩。仕女作伫立翘首状，
乌发，细眉，红唇，双手合握腹前，长裙
及地，腰肢微微扭转。面容饱满圆润，身
姿丰腴多姿，体现了鄂尔多斯唐代妇女的
风采。

陶骑士俑

唐代（公元618~907年）

准格尔旗十二连古城出土

长21.5、高17厘米

泥质红陶，白陶衣上饰彩绘。仅塑造战马的上部，
战马呈卧姿，弓颈俯首。马上骑士身穿铠甲，头戴
战盔，右手执缰。

陶羊、猪

唐代（公元618～907年）

征集

长12.5～14、高4～8.5厘米

泥质灰陶。羊作蹲踞昂首状。猪作匍卧状，头伏
于前蹄上，嘴部微张，鼻翼翘起，憨态可掬。

三彩鸟

唐代（公元618～907年）

鄂尔多斯地区出土

长8、高6.5厘米

施白、绿、红三彩。鸟作卧姿，栖息
于圆形小台上。

三彩盂

唐代（公元618～907年）

准格尔旗十二连古城出土

口径13.2、高13厘米

通体施彩釉，以白、绿、黄三彩为主。敛口，翻
沿，扁圆鼓腹，圈底，设三个兽蹄形足。

瓷执壶

唐代（公元618～907年）

准格尔旗十二连古城出土

口径8.8、底径7.3、高18.4厘米

饰黑釉，足底露胎。侈口，高领，鼓腹，圈足底。肩部一侧有短流，另一侧有半环形鋬耳。

绿釉瓶

唐代（公元618～907年）

准格尔旗十二连古城出土

高26厘米

通体饰绿釉。小花瓣状口，细颈，圆鼓腹，喇叭形圈足。腹部一侧有鋬耳形装饰，颈、肩、腹部有旋纹。

高陵官铜镜

唐代（公元618～907年）
鄂尔多斯地区出土
直径17.5厘米
"亚"字形镜，半球形纽。内区饰一对展翅飞翔
的凤鸟，其间点缀花草纹；其外饰一周联珠纹，
最外侧饰一周连贝形纹。左侧边缘竖行"高陵官
□□"五字，故名。

玉飞天像

唐代（公元618～907年）
准格尔旗川掌马成渠出土
长8、宽4.6厘米
青白玉镂雕、阴线刻制。为一横身女子形
象，右手持花枝，身下镂雕云纹及卷草纹，
两腿略盘曲，上身裸袒，下身着长裙。面部
线条饱满柔和，身体上的绶带随风飘动，整
体给人以轻巧飘逸的感觉。飞天原是西域佛
教诸神之一，东汉末年传入中国，渐被人们
接受。准格尔旗出土的这枚北魏时期的玉飞
天像，从侧面反映了当时佛教在鄂尔多斯地
区的传播情况。

瑞兽葡萄铜镜

唐代（公元618～907年）
准格尔旗出土
直径21.5厘米
圆形，半球形纽，纽座周缘装饰连弧纹及
一周联珠纹，内区图案为瑞兽缠枝纹，六
瑞兽攀援旋绕于枝蔓丛中，外区饰一周缠
枝葡萄花纹，内外区之间铸有一圈铭文。

双鱼纹铜镜

五代（公元907～960年）

鄂尔多斯地区出土

直径15.2厘米

圆形，半球形纽。内区饰首尾相接的双鱼，鱼做游曳状摆尾；外区饰一周草叶纹。

鎏金铜带饰

唐代（公元618～907年）

鄂尔多斯地区出土

长20、高7厘米

透雕山水纹饰，底部及左右两侧有钉孔。

鎏金铜人物、花鸟纹贴花

唐代（公元618～907年）

乌审旗纳林河十里梁墓地出土

花鸟纹：高13.2厘米

人物：高9.8厘米

上：透雕，两只凤鸟静立在花丛上，喙部指向一丛盛开的牡丹，凤鸟翅身舒展，仿佛顿感鸟语花香的气息。

下：透雕，伫立人物，双臂一前一后，双脚交叉，膝盖弯曲，踢蹴鞠状。

鎏金铜饰片

唐代（公元618～907年）

鄂尔多斯地区出土

长5.6、高4厘米

透雕山水、苍松，布局左右对称，线条流畅。

鎏金铜饰件

唐代（公元618～907年）

鄂尔多斯地区出土

长8～8.5、高4～4.5厘米

饰件表现的是奔腾的健马上，骑手正回首拉弓，箭在弦上，一触即发。

莲瓣口银盘

五代（公元907～960年）

乌审旗纳林河十里梁墓地出土

口径13.8、底径4.1、高11.8厘米

莲瓣形口，浅腹，平底。盘内壁有六条棱脊。

七　三足鼎立西夏称雄

　　唐代后期，随着西域吐蕃势力的强大，迫使党项人逐步北上迁徙到鄂尔多斯南部。鄂尔多斯丰美的天然牧场和先进的农耕技术，为西夏畜牧业和农业生产的迅速崛起发挥了重要的作用，同时也促进了手工业和商业的繁荣发展，不仅为其在北宋初期建立西夏国奠定了雄厚的基础，并据此雄踞北方与辽（金）、宋对峙，成为中国北方少数民族中的一朵奇葩。

　　鄂尔多斯境内属于宋代遗存很少，仅有丰州古城及烽隧。

城川古城

城川古城

城川古城地处汉代古奢延泽所在地，平面形制呈长方形，面积约44万平方米。经北京大学侯仁之教授等考证，该城址应为唐代的长泽县城，亦即唐元和十五年（公元820年）移治长泽县的宥州新城故址。

新宥州，最初是唐王朝专门为内徙回迁的原"六胡州"居民而设。党项族在这一地区实力逐步强大后，这里则随之成为夏州之外党项崛起的又一摇篮，而且是西夏建国后重要的政治、经济、军事重镇。新宥州城不仅为西夏的建立、发展和繁荣作出过不可估量的贡献，同时也是西夏国建立、发展和灭亡整个历史进程的最好见证，在西夏史研究中具有举足轻重的地位。另外也是研究本地区唐、宋、西夏时期历史、政治、军事、经济、文化及城市营造制度、民族交往史等无法替代的重要实物史料；在研究中国北方历史时期生态过渡带的人地关系、民族关系，以及研究奢延泽、毛乌素沙地的环境变迁等方面，都具有非常重要的地位。

排子湾拓跋李氏家族墓志铭

五代至北宋初年（公元910～980年）

乌审旗纳林河乡排子湾出土

边长75厘米

出土于夏州（今统万城）一带的拓跋部李氏家族墓中。关于西夏皇族拓跋部的族源问题，目前学术界主要有三种观点：（1）西夏拓跋部乃鲜卑拓跋部，而非党项拓跋部；（2）西夏拓跋部就是党项拓跋部，属于古羌族的一支；（3）西夏拓跋部的部众是党项羌人，而首领是鲜卑拓跋人。三种观点各执己见，争执不下。排子湾李氏家族墓志铭中，开首用了大段的文字，记述其家族起源经过，明示其家族为"本乡客之大族，后魏之莘系焉"。这是截至目前所知时代最早的西夏拓跋李氏家族自己对本族起源的记录，当具有较大的权威性，极大地补充了历史文献记载的不足，对于研究西夏拓跋部李氏家族的族源、世系、与汉族文化的融合过程，以及相关夏州地区的历史、地理变迁等，都具有极高的史料价值。

白釉褐彩花草纹瓷盘

西夏（公元1038～1227年）

准格尔旗敖包渠窖藏出土

口径19.2、底径6.2、高4.5厘米

器内外壁均饰白釉。敞口，浅腹，圈
足。内壁饰褐色彩花草纹。器内底有
支钉痕迹。

白釉瓷盘

西夏（公元1038～1227年）

准格尔旗敖包渠窖藏出土

口径16.2、底径6.2、高3.7厘米

器内外壁均饰白釉。敞口，浅腹，
圈足。器内底有支钉痕迹。

白釉瓷盘

西夏（公元1038～1227年）

准格尔旗敖包渠窖藏出土

口径15.7、底径6、高3厘米

器内外壁均饰白釉。敞口，浅腹，圈足。器内底
有支钉痕迹。

白釉瓷碗

西夏（公元1038～1227年）

准格尔旗敖包渠窖藏出土

口径15.7、底径7.1、高6.7厘米

通体施白釉。敞口，斜直腹，圈足。

铁锄

西夏（公元1038～1227年）

准格尔旗敖包渠窖藏出土

长39.6厘米

锄头呈三角形，柄部弯曲，有銎。

铁马镫

西夏（公元1038～1227年）

准格尔旗敖包渠窖藏出土

长14.3、宽4.2厘米

器身呈椭圆形环状，顶部有扁环系，下部扁平便于蹬踏。这是目前鄂尔多斯地区所见时代最早的马镫实物。

铁剪

西夏（公元1038～1227年）

准格尔旗敖包渠窖藏出土

长29.4、宽4.3厘米

柄部为"8"字形铁圈，剪脚呈"V"字形。刃较薄，背厚。

铁耧铧

西夏（公元1038～1227年）

准格尔旗敖包渠窖藏出土

长23.5、宽16厘米

平面略称三角形，弧背，尾部有銎。中空。表面有四个圆形镂孔。

铁犁铧

西夏（公元1038～1227年）

准格尔旗敖包渠窖藏出土

长34.5、宽26厘米

整体呈长三角形，头部圆弧，起中脊，后端内凹
有銎。上有一圆形镂孔。

铁犁铧

西夏（公元1038～1227年）

准格尔旗敖包渠窖藏出土

长37.7、宽25.3厘米

整体呈长三角形，头部较尖利，起中脊，后端内
凹有銎。上有一圆形镂孔。

犁镜

犁镜与犁铧配套使用，安装在犁铧的上端，主要起控制犁铧所翻耕土的倒向作用。在没有发明犁镜之前，要想达到深耕和控制所翻耕土倒向的目的，就必须使犁铧达到一定的长度和宽度，如所见汉代犁铧不仅平面呈等边三角形，而且体量也很大。这样的犁铧不仅耗材多，而且截面大、易破损。而犁镜的发明，一方面可以缩小犁铧的体量，减轻犁具的重量，降低犁铧的耗材，减少牛对犁具的挽力；另一方面，可以便捷这种易损品的制作、加工以及更换，可以说是犁具发展史上的一大进步。这件铁犁镜是鄂尔多斯迄今所见时代最早的犁镜实物，它的发现表明西夏时期的农耕生产技术较前代又有了飞速的发展。

铁犁镜

西夏（公元1038～1227年）

准格尔旗敖包渠窖藏出土

长20、宽24厘米

平面略呈梯形，镜面光滑，镜背由四个系纽。

牡丹纹褐釉剔花瓷瓶

西夏（公元1038～1227年）
伊金霍洛旗白圪针窖藏出土
口径5、高39.5厘米

施褐釉，肩部露胎，下腹部施釉不到底。台形小口，斜折肩，弧腹略鼓，平底。腹部采用剔釉露胎的技法，剔划出两组牡丹纹开光图案，两组图案间刻划组合平行弧线。近底部刻划一只奔跑的鹿，作回头惊恐状，口中喷吐一团云雾。这件牡丹纹剔花瓷瓶工艺精湛，技法娴熟，图案主题突出、凝重浑厚，是西夏文物中少见的精品。

牡丹纹褐釉剔花瓷罐

西夏（公元1038～1227年）

伊金霍洛旗白圪针窖藏出土

口径23、底径20、高39厘米

施褐釉，下腹部施釉不到底。敞口，方唇，圆肩，中腹部圆鼓，下腹斜收，平底。肩、腹部采用剔釉露胎的技法，剔划出两组缠枝牡丹纹图案。

花瓣口褐釉剔花瓷瓶

西夏（公元1038～1227年）

准格尔旗西召乡窖藏出土

口径5.4、底径9.9、高21.5厘米

通体施褐釉，圈足底端露胎，胎质较粗，略呈土黄色。花瓣口，口沿外卷，直颈，球形腹，高圈足，平底，底部外撇。腹部剔刻两组缠枝牡丹开光图案。造型独特，工艺精湛，剔花技法简练，线条流畅，是西夏瓷器中少见的精品。

西夏文"首领"铜印章

西夏（公元1038～1227年）

伊金霍洛旗出土

边长5.4、高3.5厘米

印面为方形，背部带有长方形柱状纽。印文为字体繁复、屈曲盘回的西夏阴文九叠篆书"首领"两字，印背纽两侧及顶端刻有行书体的授印年款、掌印人姓名以及标示印章方向的"上"等西夏文字。

西夏官职一般均效仿中原王朝，但由于所设置官职多由原部落中的大小首领充任，因此，西夏印章中最常见的就是印文为"首领"的官印，相当于现在官员的个人印章，代表着一定的权力和地位，和单纯的个人私印具有本质的区别。

西夏文"内宿侍命"铜腰牌

西夏（公元1038～1227年）

乌审旗出土

长6.6、宽4.1厘米

整体略呈"凸"字形，上端有穿系椭圆形孔，下端为向内的双联弧状，周廓起棱。正反两面均刻有西夏阴文，正面为"内宿待命"四字，背面为"定如□□"四字。"定如"为西夏人的族姓及姓氏，因此推测背面的文字为持有者的姓名。西夏时曾设"内宿司"，主要负责宫内的"宿卫"之职，"内宿待命"令牌应该是西夏高级侍卫官所持有的证明身份的信物。

羊首铁灯

西夏（公元1038～1227年）

伊金霍洛旗乌尔吐沟出土

灯盘口径9、通高73.5厘米

锻造。圆柱状长灯杆顶端为一圆雕的羊首造型，羊首的犄角后部披挂有垂叠条带和向额部弯回的冠状圆形饰物，羊首下颌髯须向前弯曲，衔接圆形浅腹圜底灯碗。灯杆下端接长三足灯脚。如此形状的羊首造型，在西夏文物中还是首次发现。据专家考证，西夏的皇族宗室，有将他的神像作成"羊首绨冠"的奇特习俗。假如这件铁灯顶端羊首造型的后部所披挂的垂叠条带和向额部弯回的圆形饰物，确是人们理解的冠和结绶（即系上的飘带）装饰的话，那么这件珍贵西夏文物的发现，不仅进一步丰富了西夏民俗学的史料，从一个侧面反映了西夏皇族对羊的崇拜，同时也表明了这件羊首铁灯绝非一般的民用物品，它一定具有非同寻常的地位，是在特殊场合下使用的器皿。

宋代烽燧

宋代丰州古城、烽燧

五代十国时期，原活动于我国西北地区的藏才族（亦称藏擦勒族，属党项族的一支小藩部）乘战乱之机，进入今鄂尔多斯东部准格尔旗境内。辽伐西夏时，藏才族首领王承美率部附辽，辽授其左手牛卫将军官职，并助其构筑城池。宋开宝二年（公元969年），王承美归宋，宋廷准其扩建城邑，并赐名"丰州"，封王承美为丰州衙内指挥使。开宝四年（公元971年）任命王承美为天德军蕃汉都指挥使，知丰州事。开宝五年（公元972年）改授王承美为丰州刺史。位于准格尔旗敖斯润陶亥乡二长渠村山梁上的古城址，即为北宋时期兴筑的丰州城邑。另外，在该城址西、北约8.5千米，今羊市塔乡古城渠村西南和敖斯润陶亥乡古城梁村北的山梁上，还有两座与其呈"犄角"之势的小城址，三者间还分布有烽燧遗址相呼应。这两座小城址则应为文献记载中隶属于丰州城的永安砦故城和保宁砦故城。

丰州古城及所属的两座砦城，既是鄂尔多斯境内唯一的宋代城址，也是内蒙古地区唯一的一座宋朝州城。当时，北宋王朝称丰州、府州（今陕西府谷县）、麟州（今陕西神木县北杨家城）为"河外三州"，三州城池呈"品"字形分布，相互照应，为固守北宋的北方重要门户。

铁牛、猪

五代（公元907～960年）

乌审旗纳林河十里梁墓地出土

铁牛：长27、高15.3厘米

铁猪：长26、高13.2厘米

均作俯首伫立状。

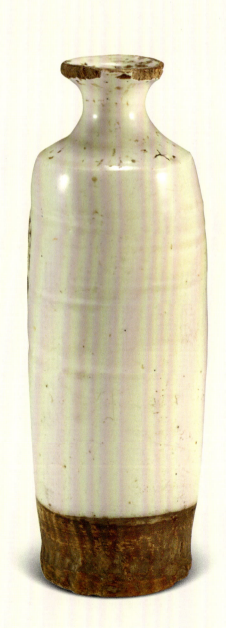

白釉瓷瓶

宋代（公元960～1279年）

征集

口径4.2、底径6、高21厘米

施白釉，口沿及器底露胎。侈口，束颈，折肩，直筒形腹，平底。

黑釉瓷壶

宋代（公元960～1279年）

准格尔旗东孔兑五长号窑墓地出土

口径3.5、底径5.3、高16厘米

施黑釉，釉不及器底。葫芦形器身，小口，平底，腹两侧原有双耳，残缺。

"丰泉"黑釉瓷瓶

宋代（公元960～1279年）

准格尔旗五字湾古城征集

底径15、残高38厘米

通体施黑釉。口部残，圆肩，深鼓腹，平底。中腹部竖向刻划三字"丰泉瓶"。

第五章　天骄圣地

公元1227年，成吉思汗率军攻灭西夏，美丽富饶的鄂尔多斯草原从此打上了蒙古族文化的烙印，尤其自明代中后期以来，蒙古鄂尔多斯部俸侍着祭祀成吉思汗的"八白室"，一直植根在这块神奇的土地上，逐步形成了别具一格的集蒙古帝王祭祀文化、宫廷文化、传统草原游牧文化于一身的鄂尔多斯蒙古族文化，其源远流长、风格独特的文化内涵，再创草原文化新纪元。

阿尔寨石窟寺

阿尔寨（汉语谓百眼窑）石窟

位于鄂托克旗阿尔巴斯苏木境内，坐落在低缓丘陵地貌中一座孤立突起的平顶红色砂岩小山上，因山体周围分布众多石窟而得名。

石窟的形制主要有中心柱式窟、方形和长方形单间石窟等几种。许多石窟内曾有泥塑佛像并绘制有壁画，壁画的题材以反映藏传佛教的内容为主，还有大量反映当时现实生活的世俗壁画以及部分汉传佛教的内容。另外，还发现大量早期回鹘蒙古文榜题。发现的22座浮雕石塔，除1座密檐式塔外，其余均为覆钵腹式塔。据石窟的形制、壁画的内容、绘制风格以及回鹘蒙文所保留的古老特征以及浮雕塔的造型、特征等综合分析，阿尔寨石窟寺的开凿年代可能在北魏中、晚期，至迟不晚于西夏，以蒙元时期最盛，明末停止开凿及佛事活动。

阿尔寨石窟寺是中国北方草原地区规模最大的石窟寺建筑群，也是中国规模较大的西夏至蒙元时期的石窟寺，它不仅是一处重要而罕见的宗教艺术宝库，更是我们研究蒙古历史、文化和生活习俗等无可替代的珍贵史料，具有很高的历史、宗教、文化和艺术价值。阿尔寨石窟寺壁画中相关成吉思汗或蒙古帝王祭祀、祭拜等内容的破译，以及石窟寺周边地区民间世代相承的一些有关成吉思汗的祭祀活动等，更为这座民族文化宝库增添了更多传奇色彩。

神秘的阿尔寨石窟、遥远的传说、延续了近800年一成不变的祭祀，隐喻着多少鲜为人知的秘密。

阿尔寨石窟寺浮雕石塔

阿尔寨石窟寺各族僧众礼佛图壁画

阿尔寨石窟寺帝王受祭壁画

阿尔寨石窟寺回鹘蒙古文、藏文榜题

陶马

元代（公元1271～1368年）

征集

长29.6、高28.9厘米

泥质灰陶。昂首，伫立，背部驮有行囊。

陶侍俑

元代（公元1271～1368年）

征集

高26.7厘米

泥质灰陶。男性，伫立，面带微笑目视前方，左臂弯曲置于胸前，右臂略屈伸向前方。

陶侍俑

元代（公元1271～1368年）

征集

高33厘米

泥质灰陶。男性，伫立于底座上，头戴帽，双手拢在胸前，右小臂搭一件围巾。

陶马车

元代（公元1271～1368年）

征集

长53.2、宽19.5厘米

泥质灰陶。方形车棚，圆顶，顶上有螺旋形纽。

青釉瓷盏

元代（公元1271～1368年）

鄂尔多斯地区出土

口径15.2、底径5.3、高4.1厘米

内外都施有青釉。莲瓣口，浅腹，圈足。

白釉褐花瓷碗

元代（公元1271～1368年）

准格尔旗出土

口径15.6、底径5.4、高5.1厘米

碗内壁施有白釉，外壁口部以下不施釉。敞口，斜弧腹，圈足。内壁绘褐色花草纹。

白釉画花瓷罐

元代（公元1271～1368年）

准格尔旗出土

口径9.5、底径5.2、高6.5厘米

器身外部施白釉，内壁无釉。直口，深弧腹，圈足。绘褐色花草纹。

铜权、铁权

元代（公元1271～1368年）

乌审旗三岔河古城出土

高9～10.5厘米，重330～560克

权是度量衡具，有铜制和铁制两种，形制较规范，也有的器身做成动物造型，有些器身上刻有文字。

铜权

元代（公元1271～1368年）

鄂尔多斯地区出土

高9.5厘米，重620克

铜制，器身为六面体，上有刻划文字，底部有支座，顶部有方形环纽。

292

玉杯

元代（公元1271～1368年）

乌审旗出土

口长7.5、高4.6厘米

造型别致，玉质圆润，平面略呈桃
形。周壁有花瓣、动物等各种浮雕
造型，底部为三只兽蹄形足。

玉杯

元代（公元1271～1368年）

乌审旗出土

口径7.2、高4.2厘米

花瓣口，斜弧腹。外壁浮雕花瓣、
动物等造型，腹部一侧有鋬。

铁镂空炭盆

元代（公元1271～1368年）

征集

火盆直径22、底座直径28.5、通高
17厘米

由火盆和底座两部分组成。上部火
盆为敞口，斜弧腹，圜底，下有三
蹄形足，口部外侧有双錾耳，腹部
有一周三角形镂空。支座为浅腹盘
形，下有三兽蹄形足。

桦树皮姑姑冠

元代（公元1271～1368年）

征集

宽25.5、高40.5厘米

主要由木、绢等制成，是蒙古族贵
族妇女头饰。

后记

　　中国虽然是文献史籍浩如烟海的世界文明古国，但由于诸多原因，有关鄂尔多斯的历史记载不仅匮乏，而且错谬颇多，因此，当人们探究真实的鄂尔多斯历史轨迹和文化命脉时，往往举步维艰、无所适从。值得庆幸的是，文物事业的兴起，终于为我们缓缓启动了尘封已久的、窥探这座神奇迷宫的门扉。鄂尔多斯地区不断涌现的考古发现和研究成果，不仅为我们梳理出了鄂尔多斯古代历史的基本脉络、展示了大量鲜为人知的历史表象，同时也揭示出了它独特的历史地位和深奥的文脉精髓，也才能使人们能够通过"农耕 游牧·碰撞 交融——鄂尔多斯通史陈列"这样以文物通贯地区历史的展览陈列，去亲手触摸鄂尔多斯悠久的历史和敦厚的文化底蕴，去亲耳聆听社会发展的脉搏和人类进化的心声。因此，在《农耕 游牧·碰撞 交融——鄂尔多斯通史陈列》出版之际，首先，要向近一个世纪以来，在鄂尔多斯地区从事过文物考古工作的广大中外专家、学者，特别是20世纪50年代以来，在鄂尔多斯这块广袤的大地上，付出艰苦努力、洒下辛勤汗水的两代文物工作者，表示深深的敬意和由衷的感谢。还要感谢多年来，对鄂尔多斯文物事业鼎力支持的各级政府和社会各界人士，特别是为鄂尔多斯博物馆新馆建设、展陈给予鼎力支持的各级政府、有关部门和社会各界人士，以及北京清尚建筑装饰工程有限公司第十一设计工程部于筱渝经理及其员工和鄂尔多斯博物馆的全体同仁。

　　本书的基本框架和介绍文字，是在鄂尔多斯市文物考古研究院杨泽蒙院长所编撰的"农耕 游牧·碰撞 交融——鄂尔多斯通史陈列"展陈大纲基础上完成的。曾拟就职鄂尔多斯博物馆的陕西师范大学硕士研究生李倩，撰写了器物说明。器物及展厅景观摄影由文物出版社郑华、王伟担纲。书中的辅助性图片主要由杨泽蒙提供，宁夏文物考古研究所罗丰所长、鄂尔多斯摄影作家白云飞和李根万、内蒙古自治区文物保护中心曹建恩主任、内蒙古文物考古研究所李少兵主任、内蒙古博物院孔群、吉林大学邵会秋、鄂尔多斯青铜器博物馆王志浩馆长等提供了部分图片。蒙文翻译由旺楚格先生完成，英文翻译由中国社会科学院考古研究所丁晓雷翻译。在此，一并向他们对本书的大力支持表示由衷的感谢。

编者

责任编辑 杨新改 李 红

文物摄影 郑 华 王 伟

责任校对 李 薇

责任印制 陆 联

装帧设计 李 红

图书在版编目（CIP）数据

农耕 游牧·碰撞 交融 ：鄂尔多斯通史陈列 / 鄂尔
多斯博物馆编著. —北京 ：文物出版社，2013.3
ISBN 978-7-5010-3688-2

I. ①农… II. ①鄂… III. ①文物–考古发现–鄂尔多斯市–图
录 IV. ①K872.263.2

中国版本图书馆CIP数据核字(2013)第015942号

农耕 游牧·碰撞 交融——鄂尔多斯通史陈列

编　　著　鄂尔多斯博物馆

出版发行　文物出版社

社　　址　北京市东直门内北小街2号楼

邮政编码　100007

网　　址　www.wenwu.com

邮　　箱　web@wenwu.com

制版印刷　北京图文天地制版印刷有限公司

经　　销　新华书店

开　　本　889×1194毫米　1/16

印　　张　18.5

版　　次　2013年3月第1版

印　　次　2013年3月第1次印刷

书　　号　ISBN 978-7-5010-3688-2

定　　价　380.00元